समकालीन साहित्य रंजन

समकालीन साहित्य रंजन

सुधीश पचौरी

वाणी प्रकाशन

वाणी प्रकाशन

4695, 21-ए, दरियागंज, नयी दिल्ली 110 002

शाखा

अशोक राजपथ, पटना 800 004

फ़ोन: +91 11 23273167 फ़ैक्स: +91 11 23275710

www.vaniprakashan.in
vaniprakashan@gmail.com

SAMKALEEN SAHITYA RANJAN
by Sudhish Pachouri

ISBN : 978-93-5000-706-8
Media/Literature

प्रथम संस्करण

मूल्य : ₹ 295

आर. टेक ऑफ़सेट, दिल्ली-110095 में मुद्रित

वाणी प्रकाशन का लोगो मक़बूल फ़िदा हुसेन की कूची से

भूमिका

हर सप्ताह, हर पन्द्रह दिन में, एकदम 'डैड लाइन' से पहले आठ सौ-एक हजार शब्दों का कॉलम लिखना इस लेखक का अपना शौक रहा है। सौभाग्यवशात् हिन्दी दैनिकों के सम्पादकों ने ऐसे लेखन को प्रोत्साहित किया है। यह लेखक अपने समस्त सम्पादकों का आभारी है।

हिन्दी के ज्यादातर साहित्यकार दैनिकों के लिए कॉलम लेखन को हिकारत भरी नजरों से देखते रहे हैं लेकिन चुपके-चुपके पढ़ते भी रहे हैं। लेखक के पास ऐसा फीडबैक निरन्तर आता रहा है। कभी फोन पर, कभी एसएमएस रूप में, कभी मिलने मिलाने पर कान बात में।

कोई पच्चीस-छब्बीस साल पहले जब इस लेखक ने कॉलम लेखन शुरू किया तो मित्र लेखक चौंके, चिढ़े, निन्दात्मक हुए। धीरे-धीरे वे इस लेखक की लेखन-ढीठता के आगे चुप हो गये। फिर कुछ तरसने लगे—काश उनसे भी कोई लिखवाए। कुछ ने प्रयत्न किए। कई फेल हो गये! 'जो नहीं हो सके आप्त काम, उनको प्रणाम।'

सच कहूँ, कॉलम लेखन बड़े कसाले का काम है। आपको पब्लिक डोमेन में ऐसी चलित शैली में ध्यानाकर्षक गद्य लिखना होता है कि बरबस पाठक की नजर पड़े। यह लद्धड़, पांडित्यपूर्ण, गद्य के पढ़ने वाले विरले होते हैं। दैनिक पत्रों में गुरु गम्भीर वचनों की जरूरत नहीं। चपल, चतुर चंचल, व्यंजनात्मक, माधुर्य या प्रसाद गद्य चाहिए। किसी एक विचार का पठनीय पल्लवन और उसकी समकालीनता, उसकी कनैक्टिविटी जरूरी होती है। हिन्दी दैनिकों ने इस तरह के गद्य का विकास किया है। इस दिशा में इस लेखक का भी प्रयत्न रहा है। शेष पाठक जानें।

सुधीश पचौरी

अनुक्रम

हम सब गिरमिटिए

हम सब नये गिरिमिटिए थे। पुराने गिरमिटिए मजबूर बनाकर ले जाए गये। नये गिरमिटिए खुशी-खुशी जा रहे थे। इसके लिए बहुतों ने महीनों से मेहनत की थी। भागदौड़ की थी। 'वीज विन्दु' पताका प्रकरी कार्य' किये थे। वीजा की फीजा दे, लाइन लगकर बनवाए थे। पैरवी कराई थी। तब जाके ये एक सुहागिन हिन्दी सुबह नसीब हुई थी। जलने वाले जल रहे थे, रोने वाले रो रहे थे, लेकिन जाने वाले जा रहे थे। हम जाने वाले नये हिन्दी नागरिक थे।

यह हिन्दी की एक उमस भरी सुबह थी, जो हवाई अड्डे के भीतर घुसते वातानुकूलित आरामदेह सुबह में बदल गयी थी। पुराने गिरमिटिए पानी के जहाज में गुलाम बनाकर ले जाए गये थे। हम सब आजाद होकर अपने आप जा रहे थे। कुछ सरकारी मेहमान बनकर, कुछ निजी पैसे के बल पर। पुराने गिरमिटियों को गन्ने की खेती करने को मिली। यहाँ अमेरिका में हिन्दी की खेती करने को मिल रही थी।

कुछ साम्राज्यवाद विरोधी साम्राज्यवादी देश में प्रवेश करने को उत्सुक हो रहे थे। विचार घर रह गये थे। चिर विद्रोह से भरे झोले में पर्चे की जगह वीजा पासपोर्ट थे। सब रीमिक्स हो रहा था, मार्क्सवाद के साथ उसका अमेरिका मिक्स हो रहा था। कुछ हिन्दी महामण्डलेश्वर पश्चिम की परम घृण्य संस्कृति से मुलाकात करने अपनी चोटी-धोती के साथ जा रहे थे। कुछ स्वदेशी भावी हिन्दी बंडलेश्वर अपने नौनिहालों-सगे-सम्बन्धियों से मिलने और लगे हाथ थोड़ी-थोड़ी हिन्दी करने जा रहे थे।

एक अमेरिका सबके माथे पर लिख गया था। यह थी अमेरिकी ग्लोबलाइजेशन की लीला, जिसने हिन्दी के सब रणबाँकुरों को जीत लिया था। न्यूयार्क सबका पीहर हो उठा था। सर्वत्र न्यूयार्क न्यूयार्क हो रहा था। एक विराट मेला भाव था। इसके अपने कुछ मनोरंजक सीन भी थे, जो बताते थे कि अभी हिन्दी को ठीक से प्रोफेशनल ढंग से ग्लोबल होना है और हिन्दी परजीवियों से, महामण्डलेश्वरों बंडलेश्वरों से कमण्डलेश्वरों से मुक्ति पानी है। कोई अपने बच्चों के लिए आचार-मिठाई ले जा रहा था और यह भी कहता था कि वहाँ अब सब कुछ मिलता है। कोई प्रेशर कुकर ले जा रहा था और कोई अपना साहित्य ही ले जा रहा था, जो उसे वहाँ बाँटना था।

सब अचानक मिलनसार हो उठे थे। दुश्मन ऐसे मिलते थे जैसे दस साल पुराने कुम्भ मेले में बिछड़े भाई मिल गये हों।

'महाराज आप भी?'

'अरे महाराज आप भी?'

'ओहो प्रभु आप? पधारिए। दर्शन हो गये, दिल्ली में तो दुर्लभ ही हैं।' एक बोलता। दूसरा बोलता,तीसरा बोलता। जरूरत से ज्यादा हँसता हुआ कहता, 'नहीं प्रभु हमारी भी यही शिकायत है कि दिल्ली में रहते हैं मगर आप नहीं मिलते हैं।' वे कहते, 'क्या करें ये दिल्ली है ही ऐसी।' तीसरा निन्दकों ने छेक रखा था। वे पत्रकार थे, युवा थे ओर सब पर तीखी नजर रखते हुए किसी को लिफ्ट न देते हुए फब्तियाँ कस रहे थे, 'अच्छा ये श्रीमान जी? और हँसी का फव्वारा छूट पड़ता। कुछ सुभाषित भी आते-जाते। जिस पर हँसा गया वह सामने आता तो सब खींचने लगते, 'सर आप तो इक्जीक्यूटिव क्लास में होंगे। सर जी हम बाल-बच्चों का खयाल रखिएगा।' सर, हाँ हाँ करते गम्भीर बने रहते।

कुछ दुकेली औरतें छिटकी बैठी थीं। वे अपने हिन्दी पतियों के साथ हिन्दी पत्नियों की तरह शोभित थीं। वे अपने पतियों के उदाहरणों से जानती थीं कि किसी भी हिन्दी लेखिका का पब्लिक प्लेस में हिन्दी वालों से चार हाथ दूर रहना ही ठीक है। मगर वो हिन्दी वाला ही क्या, जो बाहर निकल कर उदारवादी पर-स्त्री संवाद न करे और इस तरह आधुनिक बनने के दुर्लभ संयोग का लाभ न उठाए? तो वे किसी न किसी बहाने निकट आते, बात करते।

'प्रणाम'! यह ऐसे कहा जाता जैसे प्रणाम में लंगड़े आम की मिठास घुली हो। हर आदमी एक-दूसरे को प्रणाम प्रणाम करता हुआ, प्रणम्य होता हुआ चंचल चूहे की तरह इस कुर्सी से उस कुर्सी पर लपकता था कि कौन-कौन हैं, जो जा रहा है। हिन्दी वाला कुछ करे न करे, वह अपने आप में चिर शिकायती-संतोषी होता है।

यहाँ वहाँ यहाँ वहाँ, मत पूछो कहाँ कहाँ
है संतोषी माँ, सबकी संतोषी माँ,
सबकी संतोषी माँ यानी हिन्दी।

29 जुलाई, 2007

कांवड़, त्रिशूल और बेसबॉल का बल्ला

कांवड़िए वीवीआईपी स्टेट गेस्ट हैं। उनकी खातिर लम्बे व्यस्त रास्ते सील कर दिये गये। महानगर दिल्ली में कई हाईवेज पर उनकी सेवा के लिए प्रशासन ने पंडाल लगाए। एक पंडाल पर कोई सत्तर हजार से एक लाख तक का खर्च बताया जाता है। हर रूट पर दर्जनों पंडाल, एकदम साफ-सफेद कपड़े से सज्जित। बरसात से बचने के तिरपाल से ढँके। ऊपर पंखे चलते हुए। बाजू में लंगर का इन्तजाम पूरा है, लिखा है : शिवभक्तों का स्वागत है। यहाँ बढ़िया नाश्ते और स्वादिष्ट भोजन की व्यवस्था है। एक तरह का बड़ा ढाबा ही निजामुद्दीन पुल के पास बना दिया गया है, जिसमें कांवड़िए आराम से प्लास्टिक की कुर्सियों पर पैर फैलाकर आती-जाती कारों की मन्द रफ्तार देख रहे हैं, गाड़ी चलाने वाली लड़कियों, औरतों का अपनी नजरों से पीछा करते हैं।

कहीं भगवा निक्करें, बनियानें सूख रही हैं। आगे-पीछे सड़क को घेर जल बोर्ड के टैंकर खड़े हैं, जो दिल्लीवासियों के लिए कहीं नहीं पहुँचते, काँवड़ियों के लिए हाजिर हैं। पंडाल पर आधा दर्जन बैनर लगे हैं, जिनमें कई शिव सेवा समितियाँ इनका स्वागत एक जैसी भाषा में कर रही हैं। कोई आटे वाले हैं, कोई किरानी हैं, व्यापार संगठन के हैं, मगर सब इस शिवप्रसाद को बाँट कर धन्य हो रहे हैं।

इन शिवभक्तों का एक टोयटा काँवड़ रथ आगे खड़ा है, उसमें एक जेनरेटर सेट धुआँ उगलता भीषण आवाज करता चल रहा है। उसमें बड़े बड़े हजार-हजार वाट वाले वूफर्स लगे हैं। वह झंडियों से सजा है। शिवभक्ति के भजनों का टेप जोर-से चीख रहा है। कुछ कांवड़िए आगे निकल लिए है। उनमें से कई के हाथ में अमेरिकी बेसबॉल का बल्ला है, जो अक्सर हालीवुडी फिल्मों में या खेल में दिखता है। फिल्मों में जो कई बार हत्या करने के औजार के रूप में दिखाया जाता है। शिवजी के त्रिशूल की जगह अचानक इस बल्ले का आना अचरज पैदा करता है। इन शिवभक्तों के पैर नंगे नहीं हैं, वे प्लास्टिक की चप्पलें आदि पहने हैं, नंगे पैर कम नजर आते हैं। जूते ट्रक में आराम करते हैं, काँवड़ कन्धे पर हैं, मगर उनके गंगाजल के बर्तन थर्मोकोल के हैं, कांवड़ों पर भगवा झंडियाँ फहराती हैं। काँवड़ियों की औसत उम्र बीस-पच्चीस के बीच है। कई बार तो दस-बारह साल के बच्चे तक दिखलाई पड़

जाते हैं। कुछ औरतों भी काँवड़िनें बनी नजर आती हैं। जिन सड़कों को किसी वीवीआईपी के आने-जाने के लिए सुरक्षा के खयाल से आधे घंटे के लिए रोका जाता है, उसी रूट को इनके लिए कई दिन से रोका हुआ हैं।

वे दिखने के लिए ललकारते हैं कि लोग उन्हें देखें कि उनके कन्धे पर ही अब भक्ति का सारा भार है। उनका ब्राण्ड भगवा हो चला है। वे जरा-सी बात पर फैल जाते हैं और हिंसा करने लगते हैं। उनकी ताकत का स्वाद हरिद्वार स्वयं चख चुका है और सारे रूट पर आते-जाते अनेक वाहन जल चुके हैं, लोग पिट चुके हैं। कुछ तो मारे भी गये हैं। छेड़-छाड़ लूटपाट का लाइसेंस इस कलजुगी भक्ति का प्रदर्शन का दूसरा नाम है। पूरे हरिद्वार हाइवे पर उनका राज है। सरकारें सत्कार में कोर्निश बजा रही हैं। आप उनसे डरते हैं कि कहीं छू न जाएँ। वे मार सकते हैं, यह लाइसेंस फ्री में मिला हुआ है। दिल्ली वालों को पूरा बिजली पानी नहीं है, मगर इनके लिए पंच सितारा बन्दोबस्त हैं।

पन्द्रह-बीस साल पहले तक काँवड़िए इतना भगवा रंग नहीं धारण करते थे। उनके हाथ में वीएचपी मार्का त्रिशूल भी बाबरी कांड के बाद ज्यादा नजर आए हैं, पुराने लोग कांवड़ लेकर दो-दो के जोड़े में निकलते थे, प्रदर्शन और सुविधाओं से दूर आते-जाते थे और भगवा रंग तो कतई नहीं होता था। अब भगवा रंग उनका ब्राण्ड होता है। डिजाइनर टी-शर्ट, निकर होते हैं, चेहरे रौबदार होते हैं। ये नये भक्त श्रद्धा नहीं जगाते, आतंक पैदा करते हैं। वे हर साल बढ़ते जाते हैं। इन दिनों कोई पचास लाख पहुँचे होंगे।

ये नये शैव हैं। कम-से-कम शिवपुराण तो ऐसे व्यक्तित्वों के दर्शन नहीं कराता! शिव जी तो निहायत वंचितों के लोक देवता हैं। उनके भक्त अकिंचन ही हो सकते हैं। शिवकथा में वे कन्याओं की मनोकामना पूरी करने वाले देवता हैं। वे नये ताकतवर मर्दों के देवता किस कथा में हैं, पता नहीं। वीएचपी छाप त्रिशूल, अमेरिकी बेसबॉल का बल्ला और प्रचुर भगवा रंग का नया मिक्स इनकी नयी डरावनी भाषा है।

12 अगस्त, 2007

सरौता बाबाबाजी का

अब सरौता बाबा हो गये हैं। उनके आशीर्वाद से बारह लोग सीधे स्वर्ग चले गये हैं। दो दर्जन से ज्यादा कराह रहे हैं। कोई शिकायत नहीं, तकदीर में लिखा था। इस देश में बाबाजी का मार्केट सबसे बड़ा है। खरबों का होगा। जितनी आबादी है, हर हजार, दस हजार, पर एक-दो बाबा होंगे। एक हजार आठ पर भी हो सकते हैं। बहुत पहले बाल्टी बाबा हो गये। उससे पहले मलेरिया बाबा हो गये। कोई झाड़ूबाबा हो गये। कोई डंडा बाबा, कोई स्टोव बाबा हुए। किसी परचून की दुकान में अगर दो हजार आइटम हैं, तो उतने बाबा नाम हो सकते हैं।

पाँच सितारा बाबाओं की बात ज्यादा नहीं की जा सकती। उनका तेज बहुत ज्यादा होता है, देख लें तो भस्म कर दें। वैसे हमारे जैसों को देखना तक उन्हें गवारा नहीं। उनके संग बड़ी जेंट्री, बड़ी क्लास होती है। उसकी आत्मा फँसी रहती है, देह रोग में फँसी रहती है, आत्मा देह मोह के कष्ट में रहती है। सरौता बाबा उस दिन एक बालक की आँख में पूरी उंगली ही घुसेड़ दे रहे थे। बालक रो रहा था। उसे आँख का रोग होगा। बाबा के सरौता से ठीक हुआ होगा। एक औरत की आँख में पूरे सरौते की मूँठ ही घुसेड़ रखी थी। चमत्कार, भक्ति और अध्यात्म आदि का बल था, ऊपर की ताकत थी कि सरौता आई सर्जनों की सर्जरी का भी सर्जन था। हर रोज लोग आते होंगे और सरौता घुसवाकर जाते होंगे। तभी तो आज तक किसी ने शिकायत नहीं की, अगर की होती तो धर्मप्राण मध्यप्रदेश सरकार को मालूम होता। जब सब ठीक है तो परेशानी क्या? बरसात की फिसलन थी, बाबा जल छिड़क रहे थे, सब निहाल होने को मचल गये। मर गये। लोग इसी तरह मरते हैं। अपने भगवान के आगे मरना स्वर्ग भेजता है न! बावले भक्त को और क्या चाहिए? सरौता बाबा किसी से नहीं टकराए, लोग आपस में ही टकरा गये।

टीवी ने अपने उन बन्दों को बाबा खोज के काम में लगा दिया है, जो जब चाहे स्टिंग करने के लिए मचलते रहते हैं, लेकिन वे भी चकित हैं कि बाबा खुद अपने लीला वीडियो बाजाप्ता बनवा कर रखते हैं। मार्केटिंग सीखने में प्रबन्धन के विद्यार्थी को खासा पैसा खर्च करना पड़ता है, बड़ी मेहनत करनी पड़ती है। उस मार्केटिंग को हमारे बाबा लोग पलक झपकते सीख लिया करते हैं, मार्केटिंग वाले इनमें उन्नीस

ही बैठेंगे। अपनी लीला दिखाकर पहले वे शून्य से एक जनता यानी अपनी ब्राण्ड भक्ति का उपभोक्ता समूह बनाते हैं, बँधा-बँधाया। उसे जो देते हैं वह 'वेल्यू फार मनी' के मुकाबले ठोस रूप में कहीं नहीं होता, लेकिन एक आइडिया के रूप में होता है या संग में जरा-सा पानी और भभूत होती है। कोई मेवे, फूल-फल देते हैं, वे हवा से सब लेते-देते हैं। हर हाल में भक्त का दिया दाम उसके लिए माल से कहीं ज्यादा होता है और भक्तरूपी उपभोक्ता शिकायत नहीं करता है कि जी, मेरी तो आँख चली गयी है। बस कहता रहता है कि यह भगवान की मर्जी, गुरुजी की मर्जी थी, कोई क्या करे?

बाबाबाजी का मार्केटिंग या केन्द्रीय आइडिया चमत्कार होता है। भारत का आम आदमी चमत्कार प्रिय होता है, वह हर वक्त चकित होने के लिए, विस्मित होने के लिए उसी तरह तैयार रहता है, जिस तरह अवतार लेते भगवान जी के वक्त देवतागण हमेशा ही चकित, विस्मित होकर, सस्मित पोज देकर सदा पुष्पवर्षण किया करते हैं। वे आज भी करते हैं, उनकी जगह मानवों ने ले ली है, भक्तों ने ले ली है। पुलकित भक्त के हाव-भाव नवधा भक्ति की भाव दशाओं में कहे गये हैं। संसार में कष्ट है। कष्ट आइडिया से दूर होता है, हर बाबा के पास एक अनूठा आइडिया होता है। इस मामले में इतनी वैराइटी है, जितने कि ब्राण्ड आइटम।

कबीर तुलसी हो गये। कबीर ने तो असंतों के बारे में क्या-क्या भला-बुरा नहीं कहा। उधर तुलसी कलजुगी संतों के बारे में बहुत कुछ कह गये। और हिन्दी विद्वान साहित्यकार कहते नहीं अघाते कि तुलसी, कबीर सबसे ज्यादा जाने जाते हैं! अगर जाने जाते तो बाबाबाजी न होती। वही गाँव कस्बों की गरीब जनता इन बाबाओं के चंगुल में फँसी रहती है। भगवान और इस भक्त के बीच कहीं कानून आता है?

जिसे मरना है मरने दो। हमें तो बाबा के पीछे लगे रहने दो। बाबा के पीछे लगे रहने में ही मजा है। बुरा क्या है जो थोड़ी-सी सजा है। अहमदाबाद आईआईएम को किसी बड़े बाबा को बुलाकर मार्केटिंग मैनेजरी पर पूछे सप्ताह का भंडारा कराना चाहिए। सारा कोर्स पूरा समझिए।

9 सितम्बर, 2007

गिलहरी सेतु

रामसेतु किसने बनाया? हम तो कहेंगे कि एक गिलहरी ने बनाया। सच्ची बात तो यही है। उस गिलहरी से कहीं से इंजीनियरी नहीं पढ़ी। रामजी की कहानी बताती है कि उसी ने नींव का पहला पत्थर रोपा। वह पत्थर उठा नहीं सकती थी। संकट में पड़े राम जी की मदद करना चाहती थी। वह पहले पानी में पूँछ भिगोकर लायी होगी। फिर बालू में उसे रगड़ा और इस तरह जो बालू पूँछ में आयी उसे किनारे जाकर छोड़ आयी होगी। कहानी में कल्पना करनी पड़ती है। रिक्त स्थान भरने पड़ते हैं। गिलहरी के सेतुदान का प्रसंग सारी बहस में नहीं आ रहा है, इसलिए जरूरी हुआ कि कहानी की गिलहरी के बारे में बता दिया जाए कि हे कलुजगी मानवों! आप लोग जरा उस गिलहरी की उक्त तुच्छ भूमिका पर भी विचार करें। जब आडवाणी जी और करुणानिधि जी सारे काम छोड़कर रामायण पर बहस करने टीवी पर आएँ तो यह भी जानें कि राम के सेतु के लिए भालुओं, वानरों ने भी बड़ा श्रमदान किया था। कहानी यह भी कहती है कि नल और नील नामक अपने नाम से ही जरा इंजीनियर से लगने वाले, पढ़े-लिखे लगने वाले दो जनों ने पुल का डिजाइन तैयार किया था।

एक डिजाइन राम जी की भी थी। गिलहरी बता सकती है। गिलहरी की पीठ पर जो तीन धारियाँ आज तक दिखती हैं, वही डिजाइन राम जी की रही। यह उनकी करुणा की डिजाइन थी। कहते हैं कि जब गिलहरी का अपने पूँछ में बालू लाकर समुद्र तट पर डालते देखा तो राम जी पुलकित हो उठे। उन्होंने गिलहरी की पीठ पर स्नेह से हाथ फेरा। कहते हैं तभी से उसकी पीठ पर तीन धारियाँ चली आ रही हैं। वे गिलहरी की जेनेटिक्स में चली गयी हैं। वहीं कहीं राम जी के होने के प्रमाण भी मिल सकते हैं।

बहस का एक और कोण है। वह है आदरणीय रावण जी का कोण। जब लंका का पुल बन रहा था, तो ऐसा तो हो नहीं सकता कि रावण को उसकी भनक नहीं लगी हो। उसके बन्दों, उसके दूतों, गुप्तचरों ने खबर न दी हो। रावण तो भयानक किस्म का पढ़ा-लिखा बन्दा था। साहित्यकारों की तरह कम-से-कम एक डायरी तो जरूर ही लिखता होगा और आप उसे कितना भी दुष्ट मानिए इतना दुष्ट तो नहीं

कहा जा सकता कि वह वह आज हिन्दी वालों की तरह डायरी भी 'बैकडेट' वाली लिखता हो। अपनी बनवाई सोने की नगरी लंका पर हमले की खबर पाकर तो सब काम छोड़कर रिकार्ड करने बैठा ही होगा। पण्डित था। मजाक थोड़े ही था। हो सकता है कि वह डायरी बनारस के पण्डितों के पास किसी तरह पहुँचा दी गयी हो। परशुराम जी के पास रही हो और फिर कहीं सुरक्षित छिपा दी गयी हो। पता लगाया जाना चाहिए कि कहीं वह बनारसी नामवर जी ने अपनी लाइब्रेरी में अपने गुरुदेव हजारी प्रसाद जी से पार करके तो नहीं रख ली। इस रहस्य का भेद कोई और खोले न खोले राजेन्द्र यादव जी जरूर खोल सकते हैं। एक सवाल कपिवर जी से भी किया जाना चाहिए कि आपके पुरखे हनुमान जी की पूँछ में रावण के बन्दों ने आग लगाई। कूद-कूद कर सारी लंका नगरी को जला डाला तब? रावण बच गया था। उसकी डायरी भी जरूर बची होगी,वो कहाँ हो सकती है? हमले के शुरुआती दिनों की डायरी कहीं-न-कहीं तो होगी। हनुमान जी बेहतर बता सकते हैं।

राम की कहनी के रिक्त स्थानों की पूर्ति के इस खेल में एक शंका यह भी उठती है कि कहीं भाभी मन्दोदरी जी ने उस डायरी को देवर विभीषण जी को तो नहीं दे दिया था, जिसमें रावण की नाभि में अमृतकुण्ड का पता आदि लिखा था। विभीषण तो ड्राइंगरूम में राम नाम लिखते रहते थे। मन्दोदरी भी अपने पति के इस व्यभिचारी रूप से तंग थी और कहती ही रहती थी कि तू राम की सीता को लौटा दे, देख ये लंका किस तरह से जला डाली है।

कहानी की तरह इतिहास बहुत से रिक्त स्थान छोड़ दिया करता है। बहुत-सी कहानियाँ उससे छूट जाया करती हैं। अब इतिहासकारों का एक वर्ग वाचिक इतिहास को एक महत्त्वपूर्ण स्रोत मानता है। कहानी में भी सच होते हैं। इतिहास के सच के अलावा होते हैं, हो सकते हैं। सब कुछ तो डाक्यूमेंट कभी नहीं हो पाता, इसलिए जो स्मृतियों में रह जाता है, जो लगातार बदलता भी रहता है और मिथक की तरह बराबर बदलता रहता है। इसलिए इतिहास पर बहस करने से पहले इतिहास के द्वारा अक्सर छोड़ दिये जाते खाली स्थानों को पढ़ना चाहिए। आखिरी गिलहरी की भूमिका पर की बात की जानी है, वरना कोई भी बहस को गिलहरी के विरुद्ध एक साजिश मानेगा।

23 सितम्बर, 2007

साहित्य में मुर्गी-अंडावाद

अभिव्यक्ति के सारे खतरे उठाए जा चुके हैं। जो बचे हैं उन्हें चेले-चांटी बीन रहे हैं। परम चैन की इस घड़ी, यह बुनियादी सवाल किया जाए कि साहित्य की पहली मुर्गी का अंडा कब, कहाँ अस्तित्व में आया? यह भी पता करना बाकी है कि अन्तिम मुर्गी अन्तिम अंडे इस सृष्टि को कब नवाजेगी। इसी रास्ते अन्तिम इतिहास लिखा जा सकता है।

ये सवाल साहित्य की एक कुक्कुट गोष्ठी के दौरान बिल्कुल ताजा दम उठाए गये हैं। ऐसे सवालों का आना 'बतर्ज बंटी बबली' साहित्य की सर्दियों में गर्मियों की लू की तरह है। ऐसे सवालों को उठाने वाला बन्दा तो जाड़े आने से पहले ही अपना पुराना गरम कोर्ट विचार की तरह पहन कर खिसक लिया है। साहित्य के ऐसे बुनियादी सवालों का अद्भुत सपना सिर्फ भंग की तरंग में ही नहीं आता, बिना पिए भी आ सकता है। मुंगेरी लाल के हसीन सपने सिर्फ सीरियल में ही नहीं दिखते, साहित्य में भी दिखा करते हैं। बचे-खुचे खद्योत ब्राण्ड आलोचकों में से हर कोई कहीं न कहीं अपने को अन्तिम आलोचक की जगह देकर इसी आस से जिए चला जा रहा है कि भविष्य में कोई तो पारखी चेला आगे आएगा और इतिहास लिखकर इतिहास की ज्यादती को दुरुस्त करता हुआ इतिहास को प्राप्त होगा कि अन्तिम अलोचक तो अपने गुरुदेव आदरणीय ही हैं। पहले भले रामचन्द्र शुक्ल रहे हों। पहला आलोचक कौन था? भई जिसे पंच मान लें। शास्त्रानुसार तो पहला आलोचक या सृष्टा या जो कहिए वह ऊपरवाले परमब्रह्म परमेश्वर जी को माना जा रहा है। उसके बाद का तो कोई दूसरे कटोरे की खोज वाला हो सकता है। अब हर दूसरा कहता है कि उसको यानी इस नाचीज दूसरे को पहले की गद्दी दे दो, पहला मान लो। भई दे दो। गद्दी गद्दा! कौन आपके घर का है? भाव की बात ही तो है। उक्ति की जुगाली की तो है मगर अन्तिम के बारे में अभी फैसला बाकी रहेगा न! अरे साथी! जो महानुभाव एक शादी, एक कार्ड, एक दाव, एक गोष्ठी, एक कमेटी, एक साहित्यिक ट्रेविल एंड टूर नहीं छोड़ते, जो दूसरे की थाली के अन्न को भी झटक लेने में विश्वास करते हैं, अगर वे अचानक बोल पड़ें, कि जो थे सो रामचन्द्र शुक्ल जी रहे, तो इसके आगे के न्यस्त कर दिये गये विचारों को जरूर पढ़ लेना चाहिए।

सावधान साथी! अगर ऐसा नहीं किया गया तो हिन्दू जाति के उन्नायक साहित्यिक एजेण्डे को पक्का करके राष्ट्रवाद की खूँटी पर टाँग उसमें 'लोक' का छौंक मारकर अपना ब्राण्ड चलाने वाले शुक्ल जी की आत्मा कभी शान्ति नहीं पाएगी। सरलता से मिक्स कर दिये गये हिन्दू राष्ट्रवादी ऐजेण्डे को साहित्यिक आलोचना के नाम पर चला देने का ही कमाल रहा है कि आखिर हिन्दी जाति हिन्दू जाति बनकर उससे बाहर नहीं निकल पाती। रामचन्द्र शुक्ल के नाम में भी राम प्रमुख नजर आता है। रामसेतुवादी युग रमाचन्द्र की केन्द्रिंग ही पॉलिटीकली आध्यात्मिकली करेक्ट ठहरती है। अगले जन्म से ज्यादा अगले पाँच साल ठीक कर सकते हैं। साथी, तो भी आप मानेंगे कि यह सब करना बहुत चंटई भरा काम नहीं था। मामूली बुद्धि से किया जा सकता था। शुक्ल जी ने यही किया। शुक्ल जी बेचारे आज के अपने अनन्तिम आलोचकों की सांकेतिक भाषा को नहीं समझ सकते। आलोचकों के न्यस्त विचारों को पढ़ने की ताकत तो तब न आए, जब आलोचक एक बात पर अडिग रहे। यहाँ तो अपने बन्दे सुबह-दोपहर, शाम रात विचारों के अति चंचल अष्टयाम में अभ्यस्त हैं। वे रामचन्द्र शुक्ल तो क्या अपने पूज्य पिताश्री को भी झांसा दे दें। ऐसी चंटई से भला रामचन्द्र शुक्ल का क्या जोड़?

पहले तो तय कर लेने से अन्तिम तय होता है, लेकिन पहला तय करने का मामला तक जहाँ विचाराधीन हो वहाँ अन्तिम भी विचाराधीन हो सकता है। यों अपने जाक देरिदा तो सिद्ध कर ही गये हैं कि यह मूल की खोज अन्ततः मूली की खोज ही होती है। देरिदा उसके परखच्चे उड़ाते चले हैं मूलवादी, 'पहले' वादी धन्धे की समस्या यही रही है कि वह घर से निकलते ही 'अंडा पहले मुर्गी पहले' वाले कुक्कुट दर्शन में फँस जाता है। जो रामचन्द्र के खूँटे से बँध कर ही अपनी मुक्ति समझते आए हों, उनकी नियति यही है कि उनसे पूछा जाए कि हे साथी! तू बता साहित्य का पहला अंडा कौन-सा था और पहली महाभागः मुर्गी कौन-सी रही। यदि तू अन्तिम मुर्गा भी नहीं है, तब तेरे मन में विक्षिप्त अँधेरे बन्द कमरे में चक्कर लगाकर पगलाया हुआ तेरा ब्रह्मराक्षस हर गोष्ठी में बुड़बुड़ाता क्यों रहता है : अरे वह पहला और अन्तिम तो मैं ही हूँ।

7 अक्टूबर, 2007

साहित्य का नारको टेस्ट

एक दिन सीबीआई और पुलिस ने 'साहित्य' नामक बन्दे को धर ही लिया। पकड़ने में बहुत मुश्किलें आयीं। दरअसल उसकी आईडी ठीक-ठीक नहीं थी। उसका एक फोटो जरूर मिला था, जिसमें आदमी के सिर-सा कुछ दिखता था। आँखें गायब थीं। नाक का तो पता ही नहीं चलता था। हाँ उसक सिर घुटा हुआ जरूर लगता था। तब पुलिस ने अपने साहित्यिक जासूसों की मदद ली। उन्होंने बताया कि साहित्य तो समाज का दर्पण होता है, जिसे अंग्रेजी में मिरर कहते हैं। पुलिस ने वारंट निकाल दिया। पोस्टर लगवा दिये कि साहित्य समाज का दर्पण यानी शीशा होता है, मिरर होता है। जहाँ भी ये मिरर देखो, धर लो। ले आओ, जरा-सा थर्ड डिग्री देंगे, तो तोते की तरह बोलने लगेगा। सब उगल देगा। बनारस, इलाहाबाद, लखनऊ, आगरा, पटना, राँची, भोपाल, रायपुर और सारा बिहार, सारा पहाड़ यानी अखिल हिन्दी क्षेत्र छान मारा, लेकिन कहीं बरामद नहीं हुआ।

इंपरपोल ने भी तलाशा। पेरिस में, लन्दन में, कोलकाता की शेक्सपीयर सरणी में। पेरिस में काफी शराब की बोतलें मिलीं। लन्दन का भी यही हाल रहा।

सुराग मिलते ही पुलिस ने रात के दो बजे सारा इलाका घेर लिया। सही वक्त पर छापा मारा। वहाँ प्रेस मिले। किताबें मिलीं। गरमा-गरम पत्रिकाएँ मिलीं। पुलिस वाले उनकी भभक से घबराने लगे। उनमें विस्फोटक और प्रज्वलनशील तत्व थे। पढ़ा तो समझ न आया कि क्या लिखा है?

पुलिस ने उस प्रेस मालिक से पूछाः साहित्य कहाँ है? कहाँ है शीशा दर्पण? वो क्या कहते हैं मिरर-विरर का बच्चा? प्रेस वाला बोला कि घर में तो एक ही शीशा है, बाथरूम में। एक था दाढ़ी बनाने के लिए कल ही टूटा है, गली में कूड़े के ढेर में पड़ा होगा। बाकी और तो नहीं हैं आप तलाशी ले लीजिए माई-बाप। इन दिनों तो बड़ी बिल्डिगों में शीशे ज्यादा नजर आते हैं मिरर ही मिरर होता है।

पुलिस खाली हाथ जाने को नहीं आयी थी। मालिक को डाँटा : 'चोप्प! ला दाढ़ी बनाने वाला शीशा ही ला। वही है।' लाकर उसे नारको जाँच लेबोरेट्री में एक बिस्तर पर लिटा दिया। उसे प्यार से एक नर्स ने देखा। चीफ ने उसके सर पर हाथ फेरा, उसे प्यास लगी, तो उसे दिया गया एक इंजेंक्शन।

अब वह नारको के नरक में था। देश काल सब बदल गया। तभी दूर से आती हुई एक मीठी-सी आवाज सुनाई पड़ी, 'साहित्य भाई ये बताओ कि तुम्हारी साहित्यगीरी में तुम्हारे साथ कौन-कौन थे?'

साहित्य नारको के नशे में था। बेहोश, लेकिन दिमाग से बाहोश। उसे अपने दिमाग पर जोर डालने की जरूरत नहीं पड़ी। सीधे बुदबुदाने-सा लगा : '...वेदव्यास ...कालिदास...भवभूति...भास' उसने दो हजार नाम गिना डाले, वेदों, उपनिषदों से लेकर पता नहीं कब-कब के।

बताते-बताते उसकी जीभ बाहर निकल आयी। सूखे होंठों पर फेरा और हलक में अन्दर लिया। फिर बोला, 'जी बहुत सारे नाम हैं कहाँ तक गिनाऊँ। इतने हैं एक बरस तक बोलता रहूँ, तो भी पूरे ना हों।' ये जो बताए हैं ये तो सब पुराने पापी हैं मर-खप गये। बचपन में हमने भी सुन रखे हैं। तू नये नाम बता, जो तेरे संग बहुत ज्यादा एक्शन करते रहे हैं। साहित्य की आँखें बन्द-सी थीं। उसने फिर अपनी सूखी जीभ बाहर निकाली, होंठों को चाटा और हलक के अन्दर करके फिर बोलने लगा, 'सर जी किस-किस का नाम लूँ? आधे तो ऊपर निकल गये। आधे बचे हैं। किन-किन का बताऊँ?'

पुलिस बोली, 'जो उस एरिया में निकल गये हैं। उनका तो हम उस एरिया में थर्ड डिग्री कराएँगे। जो अभी तक जिन्दा घूम रहे हैं उनके बारे में बता'।

'जी उनकी एक बात हो तो बताऊँ। कोई घर छोड़ देता, सिर मुडा लेता और मुझे करने लगता। मेरा नाम धर लेता। कोई बीबी-बच्चे, गाँव छोड़ आता और शहर में मेरा नाम रखकर साहित्यकार कहलाने लगता। कोई कहीं-कहीं मर्डर में फँस जाता और संघर्ष करता हुआ मेरा नाम लेकर साहित्यकार हो जाता। कोई इतिहास में जाने के चक्कर में मेरा नाम ले लेता। बस जी, फिर तो, जी ये अपने एक्शन में होते, और कहते कि साहित्य कर रहे हैं। नाम मेरा लगाते। मेरे नाम पर बैठक मारते, दारूबाजी करते। इनके बीवी-बच्चे मुझे गाली देते। आप उन्हें पकड़िए सर जी। पुलिस ऐसे बयान सुन कन्फ्यूजन में आ गयी है। उसने फाइल होम को भेज दी है।

26 अगस्त, 2007

आईसीयू में साहित्य

एक कवि बीमार हैं। दूसरे लेखक सहायता के लिए दिल्ली की सरकार को पुकार चुके हैं। सरकार है, जो सहायता की बात कहती है। सहायता नहीं होती दिखती तो फिर कहा जाता है सहायता करिए सरकार? आपकी ड्यूटी है। हम जनता हैं तिसमें भी पढ़ी-लिखी, सम्वेदनशील भी। हमारा योगदान है। हमारा लिखा किसी की समझ में आज नहीं आता। कल तो आएगा। बीमार तो आज पड़े हैं। उन्हें ठीक करो। सरकार वोट और साहित्य की चोट से सम्वेदनशील है। मुख्यमन्त्री साहित्य प्रेमी हैं, पढ़ी-लिखी हैं, ये कविता का महत्त्व जानती हैं। रामविलास जी बीमार पड़े तो वे देखने गयी थीं।

जब कवि स्वस्थ थे, तो यह समस्या नहीं थी। वे किसी से कुछ नहीं कहते थे। कुछ कामरेडों ने उन्हें संगठन से छुट्टी दे दी। उन्होंने कुछ कहा? नहीं। बीमार पड़े, तब भी नहीं कहा होगा कि पुकार लगाओ। उनकी जगह उनकी महिमा जानने वालों ने उनसे ज्यादा पुकार लगा दी। अब कई दिनों से इस फ्रंट की कोई सूचना नहीं है, तो माना लगता है कि उन्हें उचित, फ्री चिकित्सा मिल रही होगी।

अगर दिल्ली में सत्ता भाजपा की होती तो क्या सीन बनता? फिलहाल कांग्रेस की सरकार है इसलिए भी सोचा जाना चाहिए। वह बदनामी से डरती है। हिन्दी क्षेत्रों में अलग-अलग राज्यों में अलग रंग की सरकारें विराजती हैं। हिन्दी के साहित्यकार वहाँ निवास किया करते हैं। निवास करते हैं, तो बीमार पड़ते रहते हैं और अगर जैसा कि आजकल अजीब चलन है कि साहित्यकार की उम्र भगवान भी जरा लम्बी किये जाता है, इसलिए वे कुछ नाम-इनाम के चक्कर में लम्बी उम्र निकाले जाते हैं। वे बीमार तो पड़ते ही हैं। तो वहाँ के साहित्यकारों को लगता है कि कुछ किया जाना चाहिए और वे करने के नाम पर आपस में कुछ करने की जगह एक बढ़िया-सा काम करने लगते हैं कि सरकार से माँगने लगते हैं कि अब वही कुछ करे, मानो वे साहित्यकार के लिए कर करके हार गये हों। साहित्यकार को लगता है कि लक्ष्मी का काम साहित्य से रूठना है, साहित्य तो तपस्या है, वहाँ लक्ष्मी का क्या काम? सो जब सरस्वती का ऐसा वरद पुत्र बीमार-शीमार पड़ता है, तो अपनी जेब को हाथ नहीं लगाता है। अगर लगाता है तो कहता है कि जेब कटी है और

वह अपने बीमारी का कुछ नहीं कर सकता। अब जो करें सो आप लोग करें, आप यानी हम सब, जिन पर उसने लिख-लिखकर एहसान किया है और जिसके अवदान इत्यादि के तले हम दबे हैं।

लेकिन बीमार पड़ते ही सिंपेथी वेव मारने का उनका मन करने लगता है, जिसमें मीडिया 'सदा सहाय' रहा है। सिंपेथी वेव में नाम है और नाम होता है, एक बार चल जाए तो फिर कुछ दे के ही जाती है। यह बात उन परिजनों की समझ में आने लगती है, जो उस साहित्यकार की साहित्यिक किसम की बदमाशियों के कारण कष्ट पाते रहे। वे सोचते हैं कि यार पास्ट में क्या रखा है, प्रेजेंट की बात कर। सिंपैथी वेब मार। डोकर का माल बिकता है, वो बेच ले। बीमारी को अकारथ मत जाने दे। उन्हें उस साहित्य में पैसा नजर आने लगता है, जिसके बारे में उनकी राय कभी अच्छी नहीं रही होती।

साहित्य का और समाज का यह रिश्ता अखिल भारतीय और प्रामाणिक है। ऐसा महान घर से घृणा करने वाला, पत्नी को ठुकराने वाला जब साहित्यकार बन मरने को होने लगता है तब दूसरे कुछ दिनों बाद मरने की लाइन में लगने वाले कहते हैं कि उनके लिए कुछ करोगे, तो कल को हमारे लिए कोई करेगा।

आप माँगपत्र शुरू करते हैं कि अस्पताल में दाखिला कराओ, फ्री इलाज कराओ, अगर सरकार न कराए तो साहित्यकार कर क्या लेंगे? सरकार कहे कि यारों इस प्राइवेटाइजेशन में अपनी जेब से भी कुछ करो, हम सिर्फ साहित्यकार के लिए ही क्यों करें। साहित्य तो नकारात्मक ही होता है। आईसीयू में ही तो रहता है। साहित्य से बहुत दूर रहती सरकारें तो भी उससे डर जाती हैं।

साहित्य का पव्वा साहित्य पर भारी है। अब जिसे बीमार होना है हो, हमने तो पुकार कर दी। पुकार का एक फायदा यही तो है न, कि हमारी जेब खाली कराने कोई नहीं आएगा। हम तो केस सीधे सरकार को फारवर्ड कर देते हैं भई। हमारे बच्चे भी तो एंटी साहित्य कलजुगी हैं। वे किसी को धेला न देने देंगे। उस अंकल को तो कभी नहीं जो कविता करता था, जिसे रटना पड़ा था और जिसकी वजह से हिन्दी के पर्चे में फेल होते-होते बचे थे।

21 अक्टूबर, 2007

साहित्यरंजक पानपीकम्

हिन्दी में पान का चलन कम होता जा रहा है। आपानक बढ़ता जा रहा है। पान और आपानक में पान-आपान सम्बन्ध बिठाया जा सकता है। आपानक के बाद पान शास्त्र में कहीं नहीं लिखा गया है। इसलिए इन दिनों उसे ज्यादा जगह नहीं मिल रही। साहित्य की जगह कम होती जा रही है। साहित्य के संकट के चिन्तन में यह अति चिन्तनीय आइटम है।

पान के सहारे जितना साहित्य लिखा गया, उतना किसी एक वनस्पति के सहयोग से नहीं लिखा गया होगा। हिन्दी का साहित्य तो एक तरह से पान साहित्य भी कहा जा सकता है। ताड़ के पत्ते से पान के पत्ते तक उसकी यात्रा रिकार्डेड है। संस्कृत में तो पान के पत्ते के बिना कुछ काम नहीं होता। शादी-ब्याह में पान का पत्ता ही पाणिग्रहण कराता है। शादी कराता हुआ पण्डित पान के विविध उपयोग कराता है। पान न हो तो शादी न हो। ऐसे में पान न होगा तो साहित्य भी न होगा। देख लेना।

शादी में आपानक रहता है। वह पान से पहले और बाद में लिया जाता है। कई बार तो दुल्हन को पता चल जाता है दूल्हे ने पान नहीं, आपानक लिया हुआ है तो वह उसे त्यागकर भी चली जाती दिखी है। हिन्दी वालों को सोचना चाहिए कि हिन्दी के रचना संसार से पान इस कदर अनुपस्थित रहा तो हिन्दी साहित्य का क्या होगा? क्या होगा साहित्यकार की उस छवि का, जिसके होंठ रचे हैं। पान की पीक मुँह में हैं। मुँह अन्दर से गमक रहा है। भरी गोष्ठी में सामने बैठे हैं और हॉल में मंच पर मेज पर फूल-फल रखे हैं, बिसेलरी की बोतल है, लेकिन पान का पीकदान तक नहीं है।

हमारा मत है कि हिन्दी साहित्यकारों ने परम्परा से और कुछ लिया हो या नहीं, लेकिन पान जरूर लिया है। आदिकाल से लिया हुआ है। आल्हा में तो बावन गढ़ की हर लड़ाई के पहले बीड़ा रखा ही रहता है और जो उसे उठाता है वही हीरो होता है। भक्ति काल के कवि भी पान-वान रचाते रहे होंगे। बताइए तुलसीदास जी अपनी रत्नावली के पास क्या बिना पान खाये गये होंगे? सूर के यहाँ तो कृष्ण हीरो हैं। सुन्दर मधुर रूपमाधुरी में पान के बिना कैसे काम चलता होगा? रीति काल में पान

धड़ल्ले से फैशन में होगा। आजादी की लम्बी लड़ाई चली, तो भी पान रहा। चित्र बताते हैं कि पान एक स्थायी स्वाद की तरह रहा ही होगा। भोजनोपरान्त का पाचक। पान खाते हैं तो होंठों पर लाली छा जाती है और वे रसीले हो जाते हैं। आजादी की लड़ाई पान की पीक से भी लड़ी गयी होगी। पान स्वदेशी आन्दोलन की बढ़त से आगे आया होगा। पान तो स्वदेशी ही ठहरा। साहित्यकार पान लेकर रसिया कोटि में आ जाता। रसिया रस से जुड़ जाता और इस तरह शास्त्रोचित हो जाता।

इस दौर में साहित्य का गाल फूला तो इस कारण कि साहित्य के मुँह में पान रहा। चबाया और रस बनने लगा। पान सरस्वती की तरह विराजमान रहता। पान मुँह में रहता तब तक साहित्य निकलता। विचारधाराओं के कलह काल में पान विचारधाराओं से परे सबके गालों में अटका रहता। परिमिलिए, प्रगतिशीलिए सब पान की दुकान पर एक साथ मिलते। मतभेद भूलकर एक रंगभाव का पीक घुलता-रिसता रहता। यूरोपीय साहित्य में पान की जगह आपानक रहा है, अपने यहाँ पान! तिस पर यूपी, बिहार, मध्यप्रदेश तो पान के बिना साहित्य की कल्पना ही नहीं कर सकते। बनारसी साहित्य तब तक नहीं हो सकता जब तक बनारसी पान न हो। पान साहित्यिक टच देने वाला पदार्थ रहा। आकाशवाणी भवन की दीवारें कभी पीकों से सजी रहतीं। वे आकाशवाणी के साहित्यिक दिन रहे। सरकारी दफ्तर पीकों से भरे रहते। सबसे उत्तम जगह सीढ़ियाँ होतीं, जब नीचे उतरते हुए पान की पीक तिरछी करके गिराई जाती।

अब बताइए इंडिया इंटरनेशनल सेंटर या हेबिटेट में आप कहाँ से तो पान लाएँगे, कहाँ पीक मारेंगे? इन जगहों ने एक समूची पीक-रचनात्मकता की हत्या कर दी है। बताइए तो कि नये दफ्तरों के शीशे के बीच वह कौन-सी जगह है जहाँ आप पान की पीक को कलात्मक धार दें? उसके विविध प्रयोग करें? हमारा मानना है कि साहित्य के सारे झगड़े, लड़ाइयाँ या तो पान को लेकर रहे या उसकी पीक के मूल्यांकन को लेकर। साहित्य में अगर आज तक मनहूसपना और एक श्मशानी शान्ति दिखाई देती है; तो इसीलिए कि पान साहित्य के केन्द्र में नहीं रहा। साहित्य में पश्चिमीकरण का असर देखना हो तो सीधे साहित्य में पान की विराट अनुपस्थिति देखें। गोष्ठी स्थल से पनवाले की दुकान की दूरी से तय करें कि साहित्य में रस अगर नहीं है तो क्यों नहीं हैं?

4 नवम्बर, 2007

विकास के विरोध का विरोध

साहित्यकार कोमल मन होता है। हिन्दी वाले का तो मन और तन दोनों कोमल-कोमल होते हैं। जरा-सी छेड़ पर भिड़ जाता है। नाराज हो जाता है। रूठ जाता है। हर लेखक के जीवन में रूठना एक स्थायी भाव की तरह निवास करता है। जैसे धरती में गन्ध या दुर्गंध रहती है। वर्षा आते ही वह निकल पड़ती है। उसी तरह रूठने का भाव रहता है।

रूठने का संचारी व्यभिचारी नाराजी कलम चलने लगती है। पत्र लेखन से लेकर कविता, कहानी तक हो जाते हैं। आत्मकथा भी निकल पड़ती है। आत्मकथा हर कोई लिखने लगता है। दलितों की देखा-देखी ललित भी लिखने लगे हैं। जिसकी आत्मा नहीं है, वह भी लिखने लगता है। जिसकी आत्मा दस-बीस रुपये में, सौ दो सौ में, संेत-मेंत में कभी बिकी, वह भी आत्मकथाकार बनने लगता है। आत्मकथा लिखने की एक अर्हता तय मान ली गयी है। यह उम्र से जय होती है। ज्यों-त्यों उम्र बढ़ती जाती है। लेखक आत्मकथा की ओर कदम बढ़ाता जाता है। एक ही लालसा रहती है। मरने से पहले बस एक ऐसी बात बता जाऊँ, जिससे लोग सीखें। नयी पीढ़ियाँ सीखें। नयी पीढ़ी ऐसी निगोड़ी है कि जीते जी नहीं सीखती। मरने के बाद श्राद्ध तक नहीं करती। आत्मकथा को पुत्रवधू रद्दी के भाव बेचने का मन बना चुकी होती है। कॉपी राइट के लिए बच्चे प्रकाशकों पर ऐंठे रहते हैं। वे समझते हैं कि अपना जोकर शेक्सपीयर था। कालिदास था। जो छोड़ गया है वह इतिहास है। उसे कम पैसे में कैसे दे दूँ। तरसती हुई आत्मा अपने कूड़े को ग्रन्थावली-रचनावली की जिल्दों में बंधी देख रवाना हो चुकी होती है। नाती-पोते आते हैं तो सारे कूड़े को पाँच रुपए किलो रद्दी के भाव निकाल देते हैं। घर में जगह बन जाती है।

लेखक आत्मकथा लिखने से पहले ही अपने लिखे की दुर्गति सौ बार देख चुका होता है मगर दिल है कि मानता नहीं। हिन्दी के लेखक की जीवनी एक जैसी मिलती है। वह भरत मुनि के नाट्यशास्त्र के अनुसार चलती है। हिन्दी के लेखक का रक्तचाप हमेशा बढ़ा रहता है। मन-ही-मन घुमड़ते अनमोल भावों का तापमान उसे बढ़ावा देता है। मान, मत्सर क्रोध, ईर्ष्या सब व्यभिचारी दिल पर व्यभिचार करते रहते हैं। यही सब आत्मसंघर्ष कहलाता है।

कुछ लेखकों के दुश्मन जन्म से ही तय होते हैं। कुछ मौसम के अनुसार दुश्मनों को बदल लेते हैं। कुछ तो दैनिक हिसाब से लिस्ट बनाते हैं। हिन्दी के लेखक का आत्मसंघर्ष विकट होता है। आदर्शवाद में यथार्थवाद रहता है। यह यथार्थोन्मुखी आदर्शवाद होता है। इसकी आत्मा विरोध में निवास करती है। इसलिए हिन्दी के लेखक की निन्दा को स्तुति के रूप में और स्तुति को निन्दा के रूप में पढ़ा जाता है। यदि वह गुलामी के दिनों में अंग्रेजों का विरोध करता रहा बताता है तो समझिए कि झगड़ा पत्नी या बाप या बच्चे से रहा है। निकल अंग्रेज पर गया है। इसे उदात्तता का तत्व कहा जाता है। साहित्य में यह उदात्तता यदि न होती तो बहुत-सा 'यह विरोधी' 'वह विरोधी' साहित्य नहीं लिखा जाता। इन दिनों हिन्दी लेखकों में से कई रूठे रहते हैं। कई नाराजी के लेबल तक चले जाते हैं। कई लोग निन्दा अभियान तक पर निकल पड़ते हैं। इस लेखक की मूर्खतापूर्ण धंधई की बातों को गम्भीरता से ले लेते हैं। जो इस अहिंसावादी से भी नाराज होते हैं, वे इसलिए नहीं कि उनके मर्म पर चोट लगी है, बल्कि समझिए होते हैं कि यह कलम उनकी महानता के गीत नहीं गाती। अपने और दूसरे के मधुर कदाचार का नाम स्मरण करती रहती है। पापी को माफ नहीं किया जाता। इस पतितों के टीके को तो हरगिज बख्शा नहीं जा सकता। कुछ लोग इन दिनों बाजार का विरोध करने लगते हैं। बार-बार पढ़कर हमेशा लगता रहा है कि वे दरअसल अपने पास बाजार के न होने से परेशान हैं। अगर कोई दाता हिन्दी वाले को गुडगाँव में पाँच सौ गज का मकान, एक होंडा सिविक गाड़ी, आजीवन पेट्रोल और जिन्दगी भर की फ्री स्वास्थ्य सेवाएँ मुहैया करा दे तो विरोध का साहित्य ऐतिहासिक हो उठेगा। वह संघर्ष कहलाएगा। ऐसा संघर्ष ही आत्मसंघर्ष होता है।

जो जनम से ही दुश्मन तय करते पैदा होते हैं, वे हर हालत में किसी दुश्मन को ढूँढ निकालेंगे। अभाव दुश्मन था, तो अब भाव दुश्मन होगा कि इतना इतना क्यों? मेरे पेट इतना भरा क्यों है? पूरा स्वर्ग भी दे दो, तो भी असन्तोष रह जाएगा। मनोविज्ञान में रूठने को मनोग्रन्थि कहा जाता है। 'एटीट्यूडनल व्याधि' कहा जाता है। यही ग्रन्थि साहित्य में साहित्य कहलाती है। रचना एटीट्यूड की रचना होती है। यही उसका मूल्य होता है।

18 नवम्बर, 2007

लव नहीं, अटैचमेंट का जमाना

दो-तीन दशक पहले तक लव मैरिज क्रान्तिकारी मानी जाती थी। नातेदार-रिश्तेदार सब नाक-भौं सिकोड़ते थे। माता-पिता और पुत्र-पुत्रियों के बीच अनबोला रहता, झगड़ रहते। हिन्दी की पुरानी फिल्मों में ऐसे सीन अक्सर आते। लड़का लव करने लगता। माता-पिता विरोधी पार्टी बन जाते, लड़का प्यार को भगवान मानता। माता-पिता कहते, यह खानदान की इज्जत का सवाल है। अगर 'तू' नहीं मानता है, या मानती है, तो इस घर के दरवाजे तेरे लिए हमेशा के लिए बन्द हो जाएँगे। अपनी जायदाद में से एक फूटी कौड़ी भी तुझे नहीं दूँगा। लड़का-लड़की लव करते और मन्दिर में शादी करते। आखिर में अक्सर या तो माता जी रोते-रोते जान देने के सीन में आ जातीं या पिताश्री का हार्ट अटैक आ जाता। बेटा, बहू के साथ मरने से पहले एंट्री लेकर आशीर्वाद ग्रहण करता।

पचास-साठ के दशक तक ये कहानियाँ गजब ढाती लगतीं। जिन्दगी में इनसे प्रेरणा लेकर और कुछ उम्र के तकाजे की वजह से किशोर-किशोरियाँ प्रेममय हो जाते। शादी होती। किन्तु माता-पिता, परिवार आखिर में मिल ही जाता। संयुक्त परिवार-सा सीन बन ही जाता। लव और मैरिज क्रमागत क्रियाएँ मानी जा सकती हैं, लेकिन इनमें व्यतिक्रम भी हो सकता है। लव हो सकता है, मैरिज नहीं हो सकती। इन दिनों अटैचमेंट होने लगा है। लव, पिछड़े कस्बाती इलाकों में चलता है। महानगरों में अटैचमेंट होता है। जरूरी नहीं कि ये अटैचमेंट शादी में, परिवार में फलीभूत हो।

आदर्श प्रेम को एकनिष्ठ मान लिया गया है। यही प्रेम की समस्या हो गयी। लव को फर्स्ट साइट वाला माना गया है। यह फर्स्ट साइट वाला लव, लास्ट साइट तक चल भी सकता था, नहीं भी चल सकता था। लव शब्द के आते ही मामला पश्चिमी हो जाता है। पुराने जमाने में 'प्रीति' शब्द चलता था। रीतिकाल में प्रीति खूब चलता था। कवि बिहारी ने प्रीति की रीति बताते हुए लिखा है—

दृग उरझत, टूटत कुटुम्ब, जुरत चतुर चित प्रीति,
परत गाँठ दुरजन हिए, दई नई यह रीति।

अब दुरजन बदल गये हैं। गाँवों, कस्बों के किशोर, किशोरी लव-लव करने

लगते हैं, तो प्रायः घर-परिवारों के बड़े-बूढ़े, खानदान की इज्जत के दावेदार, बिगड़ गये बालकों को ठीक करने के इन्तजाम करने लगते हैं। लव करनेवाले, कई बार उनके क्रोध के शिकार होते हैं। लेकिन नये समय में अब दुरजन, करियर और पैसा बन गये हैं। आजकल महानगरीय जीवन में, महानगर जैसे बड़े नगरों में अब प्रेम अपने परिचित क्लासिकल रूप में नहीं दिखता। लव की जगह युवा अब करियर की चिन्ता ज्यादा करते हैं। उनमें फ्रेंडशिप होती है, लेकिन जरूरी नहीं कि यह फ्रेंडशिप सेक्सुअल सम्बन्धों में बदले। युवाओं का एक खास वर्ग बचपन की मुहब्बत तो जानता ही नहीं है, कैशोर्य की मोहब्बत भी नहीं कर पाता।

स्पर्धा के इस जमाने में हर किशोर को ज्यादा-से-ज्यादा कमाई के लिए खुद को तैयार करना होता है। घर बसाकर बच्चे पैदा करना, अपने पुरखों का वंश चलाना अब मध्यवर्ग के एजेंडे में दूर-दूर तक नही हैं। करियर की चिन्ता प्रमुख है।

इस नयी पीढ़ी में अब एक चलन पल्टी मार रहा है। वे 'लव' नहीं कर पाते। परिवार बसाने के निर्णय नहीं ले पाते। वे अब माता-पिता पर यह जिम्मा डालने लगे हैं कि वे अरेंज्ड मैरिज का चक्कर चलाएँ। यूरोप में तो इन दिनों अंग्रेज लोग ऐसी कक्षाएँ लेने लगे हैं, जिनमें अरेंज्ड मैरिज के तरीके बताए जाते हैं। यह बात प्रवासी भारतीयों में और उनकी देखादेखी भारत में रहकर प्रवासी भाव रखनेवालों में ज्यादा दिखती है, जिन्हें एक दिन अमेरिका में ग्रीन कार्ड धारक बनना है। वे शादी का मामला प्राथमिक नहीं मानते, उसे करियर में बन्धन मानते हैं। जब वहाँ जाकर डॉलर कमाने लगते हैं, जरा जम जाते हैं, तो माता-पिता से कहते हैं कि अब उन्हें घरेलू लड़की चाहिए। घरेलू यानी घर-गृहस्थी को सँवारने वाली होल टाइमर।

वे कमाएँगे, वह बाल-बच्चे सँभालेगी। उनका मानना है कि फैमिली का अपना परम्परागत तरीका बेहतर है। इसलिए इन दिनों घर के कामकाज में दक्ष लड़कियों की शादी के बाजार में माँग बढ़ती जा रही है, यह फिर उसी शादी की ओर लौटना है, जो कभी तोड़ी गयी थी, जिसके खिलाफ 'लव' ने बगावत की थी। अब जब 'लव' ही नहीं है, तो बगावत कैसी? लड़की-लड़की के प्यार के बीच पैसा कमाने का लालच वैल्यू बनकर लव की वैल्यू का रिवैल्यूएशन कर चुका है। शादी तो करनी ही है, लेकिन पहले खूब कमा लो। यह नये जमाने का लव है। लव क्या है लव की अनुपस्थिति है।

5 दिसम्बर, 2007

माफीनामा और कलम की मूँछ

यह टकियल लेखक अपनी हर लाइन के लिए माफी माँगता है। कान पकड़कर माफी माँगता है। नाक रगड़कर माँगता है। मुर्गा बनने को तैयार है, बस आप इस बार माफी दे दें। वायदा करता है कि आगे से कोई गलती नहीं होगी। अगर बिन्दासपने के लिखे में कुछ भी ऐसा-वैसा फील हो गया हो तो माफी माँगते हैं। अब तक के लिखे के लिए माँगते हैं, न लिखे के लिए भी माँगते हैं।

इस लेखक का मानना है कि इस युग में लेखकों को कुछ-कुछ कायर हो जाना चाहिए। कायर होते दिखना चाहिए। कायर होकर कातर भाव से लिखना चाहिए। कातर भाव रहेगा तो कोई रोकेगा-टोकेगा नहीं। आप का कातर भाव आपकी रक्षा करेगा। माफी माँगने की जरूरत नहीं होगी। कातर रहना अनूठा है। जबसे लेखक बहादुरी की फार्म में आया है तभी से तो परेशानी है। परेशानी को दूर करो, कातर भाव में चले जाओ, तो तर माल मिलेगा। बाल-बच्चे सुखी रहेंगे। सब गारंटी रहेगी।

इस उत्तर युग में कातरता का मूल्य बढ़ना है। ईश्वर के आगे कातरता का मूल्य भक्त कवियों ने पहचान लिया था। सही वक्त पर कातर भाव से विनती करने लगे थे। हर्षित देवताओं से पुष्प वर्षा करवा डालते थे। बच जाते थे। ईश्वर की परदुःखकातरतावादी लाइन बड़ी पॉपुलर थी। लेखक अपने भक्त के दुख से द्रवित दुखियारे ईश्वर के दुःख के प्रति कातर कम्पन में रहकर अपनी कातरता को प्रकट कर अपने को 'पतितों का टीका' कह कर लाइन निकाल लेता था और बचकर निकल जाता था। नये लेखक इस परम्परा को समझते नहीं, इसे भक्ति कह कर भक्तों के लिए छोड़ देते हैं। वे नहीं समझ पाते कि धर्म की ताकत के आगे भक्तों की यही चतुर पॉलिटीकल लाइन थी, जिसमें इहलोक और परलोक दोनों सध जाते थे।

आधुनिक लेखक तो कहता है कि 'वह सोचता है, इसलिए वह है।' सारी मुसीबत की सारी जड़ तो यही गलतफहमी है कि लेखक कुछ सोचता भी है! अब सोचते रहना! तसलीमा ने जरा-सा सोचा तो देखा नतीजा क्या हुआ? कलजुगी के पक्ष में कोई कलजुगी खड़ा न हुआ। न कोई सेकुलर दल, न कोई नेता, एक बन्दा नहीं बोला। निपट अकेली पड़ गयी स्त्री क्या करती? वह सिर्फ भरे गले से माफी ही माँग सकती थी। यह इस उपमहाद्वीप में प्रस्थापना परिवर्तन का सबसे प्रखर क्षण

है। नये लेखक को इसकी बारीकियाँ समझ लेनी चाहिए। उसे समझ लेना चाहिए कि अपने यहाँ लेखक नाम का जीव मर चुका है। यकीन न हो तो तसलीमा की माफी के क्षण को पढ़ लें। लेखक जब मरता है, तो कोई उसके साथ खड़ा नहीं होता। समाज के सारे ही प्रभु लोग धर्म की रक्षा में लग जाते हैं। लेखक के एक वोट के मुकाबले वे लोगों को गिनते हैं। लेखक को सोच लेना चाहिए कि अब वह समाज का प्रतिनिधान करने वाला 'अन सोलिसिटेड लेजिस्लेटर' नहीं, दयनीय फटीचर 'क्रीचर' है। वह चेतना का चौकीदार नहीं है, उससे बड़े चौकीदार उसकी चौकीदारी करते हैं और लाइन बाहर जाते ही बता देते हैं कि लाइन में आजा। तेरी औकात क्या है? उसे समझ लेना चाहिए कि यह सेकुलर के अवसान का समय है। संविधान में लिखा सेकुलर सिर्फ एक शब्दभर है। नए लेखक को नये कोड ऑफ कंडक्ट की जरूरत है। और नयी आचार संहिता की। मसलन लेखक के पास एक अदद पूँछ होनी ही चाहिए। उसे सही वक्त पर हिलना चाहिए। पूँछ से कलम बाँधकर लिखना होगा, ताकि जिधर हिले, उधर कलम चले। वह चाहे तो पूँछ से भी लिख सकता है। मूँछ से लिखने की जगह पूँछ से लिखना नये प्रयोगों, नवीन रूपों को जन्म देगा।

अभिव्यक्ति की स्वतन्त्रता के इस शोक के पल में हर लेखक को नारद भक्ति सूत्र का पाठ करना चाहिए। उससे ईश की महिमा और आदर्श भक्त के आदर्श आचरण के बारे में पता चलेगा। उसे सच्चे भक्त की तरह काम करना चाहिए। दीन दिखना चाहिए अभिमान तो कतई न करना चाहिए। घर में एक कंपलसरी देवालय होना चाहिए। जिससे उसे पत्नी की जगह पूजापाठ करना चाहिए। उसे सप्ताह में एक दिन व्रत करना चाहिए ताकि उसका साप्ताहिक शुद्धीकरण होता रहे। प्रातः उठकर प्रार्थना आदि करते रहनी चाहिए। अपने गुरुजनों का चरणस्पर्श करते रहना चाहिए।

'जैसा अन्न वैसा मन' के नियम की तरह आजकल 'जैसा मन वैसा लेखन' होने लगा है। यह तो प्योर पाप है। तसलीमा ने यही किया। इसकी सजा मिली न! अब होशियार हो जाओ। हुसैन तुम भी माफी माँग लो, अभी मिल जाएगी। आगे वो भी न मिलेगी। बडोदरा के विवि के कला छात्र और डीन तुम भी लाइन में लग जाओ, रुश्दी तुम समझ लो कि माफी के राशन की लाइन यहाँ खुली है, जिसने भी पाप किये हैं वो माँग ले। अभी अपने गॉड जी जरा ठीक मूड में हैं दे देंगे।

2 दिसम्बर, 2007

अपने महादेव चले गये!

त्रिलोचन को जाना ही था। हम लोग उनके जाने की प्रतीक्षा-सी ही कर रहे थे। इक्यानबे साल का वयोवृद्ध कब तक जीता जाता? उम्र थी। सबको सन्तोष था कि उम्र है। एक डरावनी उम्र। मगर त्रिलोचन जी के पास वह थी। वे बीमार रहे, इलाज व्यवस्था पर चिन्ताएँ रहीं। सरकार से कहा गया। कुछ हुआ, मगर उन्हें जाना था, वे चले गये।

हमने उन्हें बुजुर्ग रूप में ही पाया। बेहद भले-से लगते। निश्छल-सी बातें करते। बातों में खो जाते। भूल जाते कि बात कहाँ से चली थी। एकदम मासूम बच्चे की तरह दिखते। दिल्ली में वे रहते। रहते मगर अपने ठाठ से। ठाठ भी ऐसा कि लगता नहीं कि उसकी ठसक के प्रति वे सचेत हैं।

वे अपना गाँव साथ लेकर रहते थे। शहर को लेकर अन्य कवियों की तरह कभी नाटकीय ढंग से चिढ़ते नहीं देखे गए। उनका गँवई दिल, कस्बायी मन उनके संग उनकी चाल-ढाल की तरह रहता था। पाजामा, कुरता, चप्पल और या तो एकान्त, गम्भीर चेहरा। या फिर नवयुवकों के संग गप्प करते, सुनते-सुनाते त्रिलोचन!

वे दिन दिल्ली विश्वविद्यालय की ट्यूटोरियल लाइब्रेरी के लॉन की रौनक के दिन होते। वे कभी शमशेर के संग दिखते। दोनों की बॉडी लैंग्वेज सबसे बेपरवाह, अपने में खोई हुई, मगर इतनी अहिंसक कि आप उनके रास्ते खड़े होकर रोकें तो वे लोग चौंककर अचानक परेशान हो उठते। लगता मानो उनसे कोई अपराध हुआ हो। रुतबा, कवि का रुतबा, बड़े कवि का रुतबा दूर-दूर तक नहीं दिखता। हम लोग परचे बाँटते। जरा उग्र भाव लिये रहते। ये लोग यों निकलते मानो छिपकर जाते हों। ओह! कैसे मासूम, कैसे निश्छल चेहरे होते!

त्रिलोचन तब भी बच्चों के बीच बैठते। वे शब्दकोश पर काम करते थे। सातवें-आठवें दशक में वे दिल्ली विश्वविद्यालय की ट्यूटोरियल बिल्डिंग के ऊपर के कमरे में बैठते। उनके निकलने का टाइम रहता। वे भाषा को बाँटते। हम लोग बोर होते। बात कहाँ से चली और कहाँ आ गयी और त्रिलोचन जी को पता ही नहीं है। त्रिलोचन प्रवाह में रहते, प्रवाह की कहते। गाँव हो या दिल्ली। जीवन को वे एक प्रवाह की तरह देखते होंगे। तभी उनकी कविता में एक बाँका प्रवाह है। सॉनेट का

प्रवाह बाँका होता है। उनकी कविता की हर पंक्ति बताती है कि वे किसी बात के लिए पछताने वाले, किसी को खास टारगेट करके शिकायत करने वाले नहीं रहे। प्रगतिशील रहे। कृषक जीवन के कस्बाती जीवन के अनुभव बेहद निजी घरेलू बनकर उनके संग रहते। इस मेट्रो समय में वे एकदम 'एंटीक पीस' लगते और ऐसे 'इथनिक' से लगते जिसे अपने होने की कीमत कभी मालूम ही न पड़ी हो, जिसने दोयम दरजे के दूसरों की चुपड़ी देखकर, ईर्ष्या से दग्ध हो, विक्षेप से वक्र दृष्टि से ताका तक न हो। उनकी कविताएँ उनके जीवन काल में विविध साहित्य सत्ता केन्द्रों के क्षत्रपों के लिए कभी अपराधबोध मार्जन, कभी निजी उदाहरण के लीला विलास का बहाना बनती रहीं। कहीं दो बातें हो गयीं; कहीं कोर्स में लग गये। कहीं कुछ हो गया!

ऐसे हिसाबी-किताबी वातावरण में त्रिलोचन पता नहीं क्यों मुझे किसी बिछुड़ गये महादेव की तरह लगते। शंकर की तरह शान्त! जगत की लालसाओं से परे हो गये। वही जो अपने भीतर ही शंकरत्व ले आया हो। मगर त्रिलोचन के पास तो त्रिशूल डमरू तक नहीं थे। यही उनका 'त्रिलोचनत्व' या 'शिव' भाव था। किसी भुला दिये गये पवित्र 'आइकन' की तरह वे खबरों में कभी-कभार आते-जाते रहे। अजीब लगता है। वे इतनी भी दया नहीं कर सके कि हिन्दी वाले हम सबों को उनकी गिरावट के लिए दो लानतें भेजते!

शायद वे अपने विमर्शों, अपने प्रस्थान बिन्दुओं में पक्के तौर पर रहते। अडिग, अविचल। किसी ने उनके बारे में दो लाइनें लिखी, लिखीं होंगी। स्पर्धा और भारत भारती के इस साहित्यिक जगत में वे एकदम सचमुच के बेपरवाह फक्कड़ तबीयत बने रहे। ऐसी अचलता अन्दर से बड़ी ताकतवर होती है। उनकी कविता में एक प्रवाहमय अचलता अलग से खींचती है। उनकी अपनी ही एक लय है जो जबर्दस्ती किसी को तंग नहीं करती। एकदम 'नॉन इन्ट्रसिव' कविता है वह। किसी को नहीं छेड़ती। बस अपनी धुन में छिड़ी रहती है। उनके शंकर स्वभाव की तरह। उन्होंने अपना तीसरा नेत्र छिपा लिया था, नाम त्रिलोचन जरूर था। धीरज, स्नेह का सजल प्रवाह, जो मजबूत नर्वस सिस्टम देता है, त्रिलोचन को वही मिला था। इसलिए वे नब्बे तक न्यूनतम साधनों में खींच ले गये। आज की पीढ़ी तो पचास तक आते-आते हाँफती लगती है। उसे त्रिलोचन के चेहरे को याद करना चाहिए और साहित्यिक लालसाओं से व्यर्थ 'स्ट्रेसिल जीवन' को समझना चाहिए।

लेकिन समझने वाला कोई नहीं होगा। जरूरत भी नहीं। बस यह याद भी रह जाए तो काफी है कि त्रिलोचन हमारे वक्त में असम्भव सम्भावना की तरह जब तक रहने दिये गये रहे।

वे आपसे थैंक्यू कहने वाले नहीं। वे बात-बात में पता नहीं कहाँ निकल जाएँगे! निकल गये ना!

11 दिसम्बर, 2007

स्वांतः सुखाय-दुःखाय

उस साहित्य का क्या करें, जो कस्बों के साहित्यकारों से आता है। हिन्दी साहित्य के मानक उस्ताद उसे लेकर कोई चिन्तित नहीं होते। कोई बात नहीं करते। तो भी वह होता है।

ऐसे साहित्य की हिम्मत की दाद देनी पड़ती है। वह होता है और सारे महानों के बावजूद होता है। बिना पूछ के होता है। कालेजों में, स्कूलों में, गली-मुहल्लों में बहुत-सा साहित्य यूँ ही रचा जाता रहता है। अध्यापक, दुकानदार, घरेलू, स्त्रियाँ, बच्चियाँ, रिटायर्ड लोग उसे लिखते रहते हैं। हमारा तो मानना है कि ज्यादातर हिन्दी साहित्य उनके द्वारा लिखा जाता है, जो साहित्यकार माने जा चुके लोगों द्वारा साहित्यकार नहीं माने जाते।

साहित्य के नकद भुगतान वाले पंडे जिनका नाम तक नहीं जानते। वे अपने में रम कर अपने आसपास ही लिखते रहते हैं। वे लोकल अपने तईं साहित्यकार होते हैं। हर मान लिए गये साहित्यकार के पास, हर पत्रकार के पास वे अपने लिखे छपे को भेजते रहते हैं और पत्र में लिख देते हैं कि अपनी कृति भेज रहे हैं आप एक बार देख लें। आप महान हैं आपको कौन नहीं जानता। मैं भी माँ सरस्वती के मन्दिर का एक अदना-सा पुजारी हूँ, जिस पर माँ सरस्वती की कृपा हो गयी और अब तक पचास से ज्यादा ग्रंथ लिख चुका हूँ। इतने सम्मानों में से विभूषित हूँ, आप देख लें। आपके पत्रोत्तर की प्रतीक्षा रहेगी।

हमारे जितने नामी-गिरामी कवि—कथाकार, आलोचक जो आईटीओ से आईआईसी तक रमते रहते हैं जरा एक बार उस सबको पढ़ने का कष्ट करें तो उनको मालूम पड़ेगा कि साहित्य का पब्लिक स्फीयर बहुत बड़ा है और उनके स्पर्धी बहुत से हैं। उनकी अभिव्यक्तियों में और नामी अभिव्यक्तियों में कोई तात्विक भेद नहीं हैं। बस फर्क इतना है, कि उन्हें वो सहारे नहीं मिले जो कि इन्हें मिले हैं। हमें विश्वास है कि ऐसे स्वगत विनयशील और सचमुच के स्वांतःसुखाय को पढ़कर एलीटजनों को थोड़ी तमीज़ आ जाएगी। उनकी आत्महिंसाएं जरा अक्रूर हो जाएँगी। उनके अमर्ष और डिप्रेशन दूर हो जाएँगे। इस स्वांतः सुखाय रचित देख कर वे अपने परान्तः दुखाय के लिए लज्जित हो सकेंगे। वे जान पाएँगे कि इस असार संसार में अपना

कर्म किए जाना जरूरी है फल की चिन्ता व्यर्थ ही है। साहित्य का निष्काम कर्मयोग नहीं दिखेगा।

ऐसा भी नहीं है कि इस तरह के बहुत सारे साहित्य में सब कुछ बेकार हो। हाँ, काम का ढूँढ़ना ही आपकी परीक्षा है। समाजशास्त्रीय दृष्टि से इसे एक आईने की तरह तो देखा जा सकता है कि छोटे शहरों में साहित्य ही क्यों खाली वक्त का शौक बनता है? साहित्य का वह मिथ क्या है, जिसमें छोटे इलाकों के पढ़े-लिखे बन्दे सक्रिय होना चाहते हैं? उनका साहित्येच्छु होना बहुत-सी सच्चाइयाँ बताता है। मुख्यधारा से बाहर ही रहते ऐसे लेखन की सोशल वैल्यू है क्योंकि इसमें बहुत-सी सूचनाएँ रहती हैं। यह बताता है हिन्दी वाले की आमदनी बढ़ गयी है। वह यश के लिए जीने का टाइम निकालने लगा है। हिन्दी क्षेत्रों में शहर-शहर साहित्यिक वातावरण बनाने वाले ऐसे लोग सिर्फ इसलिए नहीं है कि दिल्ली से लेखकों को आशीर्वाद देने के लिए बुलाते रहें। वे भी दिल्ली फतह करना चाहते हैं। मगर जरा साहित्य का 'रिवर्स स्विंग' करके, बुलाकर वे दिल्ली जीतने का रास्ता बनाते हैं। वे साहित्य, साहित्यकार की अवधारणा को जरा गम्भीरता से लेते हैं। वे कस्बाती बुद्धिजीवी, देशप्रेमी, राष्ट्रवादी और यथास्थितिवादी होते हुए प्रगतिशील विचारों के भी हो जाते हैं। उनमें प्रगतिशीलता और प्रतिक्रियावाद कभी नहीं टकराते। क्यों वे किसी के भीतर नहीं टकराते। वे तो बस अपनी-सी करते जाते हैं। गोष्ठी दावत कर देना। जिसे इधर के लोग दूसरे की जेबों से करते हैं। उसे उधर वे अपनी जेबों से करते हैं। छोटे शहरों का समाजशास्त्र ऐसे साहित्य में प्रतिबिम्बित होता रहता है। सत्ता का जो विमर्श यहाँ है उससे ज्यादा व्यक्त प्रकट और इस पर कभी शर्मिंदा न होने वाला विमर्श वहाँ साहित्य में भूमिका की तरह रहता है। आप ही बताएँ कि आप में और उनमें क्या फर्क है? जिस हिन्दी समाजशास्त्र को आप यहाँ बना रहे हैं वह उसी की जुज है। आप की प्रगतिशीलता त्वचा तक की कास्मेटिकी है। वह उसे सहज पहन लेता है। उसमें लोकल जज़्बा रहता है। आप अपनी कस्बाती पोटली बड़े शहर में खोले बैठे हैं। बस्स! वह साहित्य से शहर में अपनी ताकत पहचनवाने बढ़ाने का काम लेता है आपकी तरह ही। ऐसे में किसी बड़े से कैसे छोटा हुआ? दरअसल वहाँ कदम कदम पर माइनफील्ड होते हैं। गलत जगह पैर पड़ा कि आप उड़े। यही लोकल अभिव्यक्तियाँ समाज का नक्शा बनाती हैं जिनमें हम हिन्दी समाज का मिजाज पढ़-गुन सकते हैं। यही पाठक है, यही लेखक है, यही रसिक है, यही श्रोता है, यही हिन्दी की इकॉनमी है। यही हिन्दी साहित्य का बुर्जुआ भाव है। वह साहित्य के जरिये बुर्जुआ हो रहा है। उसे पढ़ना जरूरी है।

16 दिसम्बर, 2007

रफ्तार की मार

वह स्पीड में रहता था। स्पीडी युग में पैदा हुआ था और स्पीड में ही निकल गया। वह एक युवा था। काम करता था। काम करे आता और स्पीड में चला जाता। वह अमेरिका होना चाहता था। बचपन में ही अमेरिका उसके पास कुछ ज्यादा-सा आ गया था, खाने-पीने, कपड़े-लत्ते से लेकर टीवी में, मोबाइल में, फिल्मों में, हर साँस में स्पीड के खेल के सारे शौक उसके रहे। उसके कई मित्र भी ऐसे ही स्पीडी बन चले। क्लब बन गया फ्लाइंग क्लब या ऐसा ही कुछ।

उसके पिता ने उसको एक बेहद महँगी मोटरसाइकिल खरीदकर दी। बारह लाख वाली। यह बात अखबार में छपी तो दंग रह गये। इतनी कीमती मोटरसाइकिल भी क्या होती होगी? मगर होती होगी भई! कीमत उनके लिए कोई मानी कहाँ रखती है, जिनके पास अकूत पैसा है। पैसे के प्रति यह बेबर्दी उनका जीवन मूल्य होता है। इस नौजवान का जीवन एक महँगी कहानी की तरह, एक तेज रफ्तार कहानी की तरह रहा।

दिल्ली नोएडा में जो एक एक्सप्रेस वे बना है कहानी वहीं की है। इस नौजवान को तेज रफ्तार से मोटरसाइकिल चलाने का इतना शौक था, यह काम से आने के बाद रात में एक्सप्रेस वे पर अपनी मोटरसाइकिल चलाकर हवा से बातें करता। उसके दोस्त भी दौड़ाते। ग्रांडप्री वाली रेस का आनन्द लेते। अमेरिका की लम्बी चिकनी सड़क कोई दूर-दूर नहीं और आप अपनी मशीन पर उड़ रहे हैं जमीन पर, यह उसका रोज का काम था, शौक था, जुनून था।

दोस्तों का क्लब बन चला था। रात होते ही निकल पड़ते। हवा से बातें करना कितना आनन्दकारी हो सकता है? इसे वे ही जान सकते हैं, जो स्पीड के खेल में होते हैं, उसकी स्पेशल मोटर साइकिल गियर बदलते ही एक सौ अस्सी किलोमीटर की रफ्तार पकड़ लेती। दूर तक फैली लम्बी सड़क, उस लम्बी सड़क पर लगभग उड़ते ये युवजन। वे शर्त लगाते कि कौन कितने कम समय में धई छू लेगा? शर्त पर काम होता। वे शर्त जीतते, कुछ हारते भी। फिर पीते। सुबह लौटते। और फिर तेज रफ्तार जीवन जीने निकलते। वह भी उनमें से एक था।

एक दिन वह उस धई को जरा पहले छू गया जिसे छूने के बाद कोई धई छूनी

बेकार हो जाती है। रात के तीन बजे वह एक सौ अस्सी की रफ्तार से जा रहा था, तब अचानक उसकी मोटरसाइकिल सड़क के किनारे से टकराई और उसके शरीर को अपने साथ घसीटती हुई एक फर्लांग तक ले गयी। खेल खत्म हो गया।

वह क्लब अब भी होगा, जिसमें स्पीड के खेल की शर्त लगती होगी, उसमें कोई नया उत्साही आ गया होगा और तेज मोटरसाइकिलें होंगी और नयी शर्तें...अचानक बेहद अमीर हो गये परिवारों के तेजस्वी बच्चों के सिर पर दुनिया को तुरन्त जीतने का भूत सवार रहता है। सब सिर्फ जीतना चाहते हैं, पीछे नहीं रहना चाहते।

शौक बदल गये हैं, वे महँगे और तेज जीवन के आदी होते हैं और पैसे की तरह जिन्दगी को खर्च करने का लुत्फ लेते हैं। लिव बाई सेकेंड्स वाला फलसफा रहता है। रात को पीकर निकलना, पीकर गाड़ी चलाना, इधर-उधर मारना बस! थ्रिल... किल...थ्रिल...थ्रिल यानी एक मजा, सनसनी अचानकता, रोमांच, दुस्साहस सब मिलकर थ्रिल बनाते हैं। जिन्दगी इतनी पास, इतनी ज्यादा खुली हुई लगती है कि आदमी जल्दी ऊबता है और नये थ्रिलर के लिए निकल पड़ना चाहता है...

उन्मन मन युवा रहते हैं। अपने आप से ऊबे हुए, आघाए हुए और नये शौकों की ओर ललकते हुए, जो कि अब बाहर से ही आते हैं। ये अनन्त हैं, इंटरनेट पर हैं, ऑरकुट पर हैं, साइबर समुदायों में हैं, आप दिल्ली के पालिका बाजार आएँ तो आपको टीवी गेम्स मिलेंगे, जिनमें संरचित भयानक हिंसा होगी, सेक्स होगा। आप दिल्ली के अमीर बालकों के क्लबों में पहुँचे, तो आपको रेव पार्टी मिलेंगी और तेज रफ्तार महँगी जिन्दगी को जल्दी-जल्दी खर्च कर देने की लालसा! माता-पिता पैसा कमाते हैं। युवा भी कमाते हैं और उड़ाते हैं। जब तक किसी को मालूम हो, तब तक मामला निपट चुका होता है। कोई पानी में डूबकर रिकॉर्ड बनाता है, मर जाता है। कोई पीकर बनाता है, मर जाता है। चोकिंग गेम, चिकेन गेम...नये अमीर युवाओं के लिए जिन्दगी के एक थ्रिलर के दाँव की तरह है...इंस्टैंट लाइफइंस्टैंट डेथ, यह नया कल्चर है, तुरन्ता कल्चर।

28 दिसम्बर, 2007

सन् आठ का पाठ

आठ का पहला और अन्तिम पाठ यह है कि सन् आठ में साहित्य निश्चित रूप से मर जाएगा! सन् सात में कई लेखकों ने ऐसा कहा ही था कि साहित्य मर रहा है। 'मीडिया में जगह नहीं बची, घर में बच्चे जगह नहीं देते। सड़क पर तो मॉल बन गये। बाकी कसर ट्रैफिक ने पूरी कर दी। देखो तो साहित्य की दो गज जमीन तक नहीं बची!'

जिस साहित्य को एक साल से 'मरते' हम देखते आ रहे हैं, वो अगले साल तक कैसे खींचेगा, उसे मरना ही है। सन् आठ में उसे मरना ही होगा। ऐसा मानने में कोई नुकसान नहीं।

मरने से पहले लक्षण प्रकट होने लगते हैं। पहले हाजमा खराब होता है। ब्लड प्रेशरादि प्रेशर डालते हैं। साहित्य डॉक्टरों के पास जाता है। हिन्दी के डॉक्टरों ने उसे पहले ही गलत मिलावटी दवाइयाँ देकर इस हाल में पहुँचा दिया कि एक रोग का इलाज कराता है, तो दूसरा बढ़ जाता है। विचार पक्ष की डोज ज्यादा देते हैं तो भाव पक्ष मरने लगता है। कला पक्ष की दवा देते हैं तो अन्तर्वस्तु मरने लगती है।

कई साहित्यकार चक्कर खाते-खाते निकल गयेः 'साहित्य मरने वाला बता दिया गया था। दादा जी, नाना जी इसी चक्कर में निकल गये। बताइए इन किताबों, डायरियों का क्या करें? बीमार हैं। मरासू हैं। घर में मौत तो सजा कर नहीं रखी जाती।' साहित्य के बच्चे कहते हैं।

तो तय मान लें कि अगले साल साहित्य को मर जाना है। श्रीमान रामदास जी को रघुवीर सहाय ने पहले से बता दिया था कि उसे मरना है और वह इत्मीनान से मरा भी। जब सन् सात में बता दिया गया कि मरना है, तो साहित्य क्या रामदास से भी गया बीता है कि कहे जाने पर भी न मरे।

तो साहित्य को मरना है, तो अब ये सोचिए कि पहले कौन जाएगा? कविता, कहानी, उपन्यास, आलोचना? कौन? कौन-सी विधा के विधान में ब्रह्मा जी ने लिखा है कि यह पहले जाना है?

कविता कोई सुनता नहीं। जब देखो, तब आईआईसी में एक किराए की कुरसी पर बैठी हुए कुचली घास, मेज पर बैठती मक्खियों और आने-जाने वालों को बाखबर

करती बनी रहती है। प्रकाशक छापते नहीं। पाठक (रिसर्च करने वालों के अलावा) स्वयं कवि तक नहीं पढ़ते। तय मानिए कि वह सबसे पहले 'संथारा' करने वाली है।

शाम को घनीभूत गोष्ठी है। लो इधर चलें। कविते अब कल मरेंगे। कविता उठती है। हलो! हाय! यार तुम बहुत दिन से गायब हो! मुद्दत बाद जैसी बिछड़ी बहनें मिलती हैं। कविता आती-जाती कहानियों से मिलती हैं। कहानी को भी जाना है। उसे बस नॉवेल का इन्तजार है। कब्ज में है। नहीं आता। टाइम दे के भी नॉवेल नहीं आ रहा।

दस साल से कहानी नॉवेल पर काम कर रही थी। नॉवेल था कि एक साथ कहानी, कविता यहाँ तक कि पत्रकारिता से फ्लर्ट करता रहा। कहानी इन्तजार में दुबली हो गयी। नॉवेल मस्ती में मोटा, तगड़ा।

बताइए हिन्दी कहानी कब तक इन्तजार करे? वह उसी के लिए 'नयी' बनी। 'अ' कहानी बनी। प्रगतिशील भी बनी। जनवादी तक हो गयी। लेकिन नॉवेल वक्त देकर भी नहीं आया! उधर दूर, दो घण्टे बाद नॉवेल टॉवेल लपेटे दिखता है। पत्रकारिता नॉवेल को टॉवेल की तरह देखती है। पूछती है। हलो टॉवेल!! ये किस ब्राण्ड का है? कहाँ से खरीदा? नॉवेल टॉवेल को पकड़ता है। कहता है, चुप रहो। यह अपनी नयी 'थियरी' है। इसके होते हुए मेरा भी मरना तय है।

आलोचना बोली, देख बे टॉवेल! तू तो मुझ से पहले उन्नीसवीं सदी में मर गया था। मैं इक्कीसवीं से कुछ पहले मरने वाली थी, मगर क्या करूँ कमबख्तों ने आर्टीफिशियल साँस देकर जिन्दा रखा है।

कविता मरती दिखी।

कहानी, नॉवेल, टॉवेल, आलोचना शोक सभा-सा सीन देने लगे। निगम बोध घाट पर सब इकट्ठे हो गये, फिर कहानी चिता पर चढ़ी। फिर टॉवेल। आलोचना भागी। निगम बोध घाट पर बचा-खुचा साहित्य एक दीवार पर संस्कृत से हिन्दी में उतरा हुआ थाः 'जो शोक करने योग्य नहीं है, तू उसका शोक करता है रे मूर्ख!'

तभी सन् सात के इन आखिरी दिनों में चमत्कार हुआ। सब चिता से उठकर चल दिए। मरना बेकार है। जैसे हैं, वैसे ही ठीक हैं। सब एक साथ बोले और टीवी कैमरे के सामने बयान देने लगे। वे एक के बाद एक लाइन लगाकर कैमरे के कहने पर मुस्कुरा कर बोलते दिखेः हमारे मरने के साथ ही किसी एक युग का 'अन्त' हो जाना है।

यही असली चिन्ता है। आप लोगों का नुकसान होगा! भविष्य की पीढ़ियाँ क्या सीखेंगी? इसलिए हम अभी मरना 'पोस्टपोन' कर रहे हैं।

सन् आठ का पाठ हैः साहित्य पोस्टपोन!

30 दिसम्बर, 2007

सात से आठ की ओर

'कैसे कहें जो बीत गयी, सो बात गयी?'

हरिवंश राय बच्चन के प्रसिद्ध गीत की यह लाइन जितना वैरागी भाव जगाती है, यह दैनिक सालाना जगत उतना वैरागी किसी को नहीं रहने देता। सालभर का बही-खाता नहीं रहने देता। बहुत-सा क्रेडिट, बहुत सारा डेबिट होता रहता है। कभी लाभ में, कभी हानि में चलता रहता है। विदेशी मुद्रा भण्डार भरा रहता है और कब खाली हो गया, पता नहीं चलता। सबसे अमीर लोग सन् सात में भारत के हो गये और अब आठ में और कितने होंगे, ज्ञात नहीं। सबसे गरीब लोग भी भारत में हो सकते हैं। उनका पता नहीं चलता, यह भी उनका दुर्भाग्य है। जो एक बार अमीर बन गया, गरीब बनके नहीं देता, यह भी तो पूँजी की ताकत का एक अलिखित नियम-सा है।

मीर-अमीर जब एक ही हों, तो कौन-सा नियम चलता है जनतन्त्र में? जिन्दगी जब से सट्टा बाजार बनी है, तब से यही नहीं मालूम होता कि कब आप नफे में हैं, कब नुकसान शुरू है।

एक साल दूसरे से अलहदा नहीं होता। जुड़ा होता है। बही खाता खुला रहता है। चलता रहता है। कहते हैं कि पिछले जन्म के पाप इस जन्म में भोगने पड़ते हैं और पुण्य भी। उसी तरह एक साल का हिसाब अगले साल चलता रहता है। दो हजार सात में जो कुछ हुआ, उसकी कुछ फसल को दो हजार आठ में कटनी ही है।

सट्टे पर जिन्दगी पल-पल गिरी।
महँगाई चढ़ी।
बेरोजगारी बढ़ी।
लाइफ सड़ी।
पूँजी चढ़ी।
स्टॉक बावला हुआ।
डॉलर गिरा।
रुपया चढ़ा।
रीयल एस्टेट के फुलाए दाम रुके।
मकान बने खड़े रहे। कोई रहने न गया।

जिन्दगी गिरी।

आदमी उससे भी ज्यादा गिरा।

अस्सी फीसद आदमी-औरतें गरीबी की लाइन के आसपास गिरे। विदर्भ के किसान मरमराकर जीने लगे। पीएम की सहायता राशि बचा न सकी। ग्रामीण स्वरोजगार योजना गाँवों को न बचा सकी। गाँव के गरीब और गरीब हुए, वे जमीनों से चिपक गये। सेज योजनाएँ खतरे में पड़ीं। विकास का रथ पीएम के दरवज्जे ठिठका रहा। नन्दीग्राम में अटका रहा। गरीबी की लाइन के आसपास गरीब लाइन लगा कर खड़े मिलते रहे। गरीबों की लाइन के ऊपर पता नहीं कितने और खड़े रहे। एक के ऊपर एक अपने बढ़े वजन और ताकत के साथ कि हम सब पिसते-मरते -नाचते-गाते रहे और कहते रहे 'नच बल्लिए'। दो हजार छह में हास्य में हास्यास्पद होते हुए हम सात में नाचने के चक्कर में लग गये। जेब फटती जाती। हम नाचते जाते।

किसी बड़े सट्टावादी पिरामिड की तरह बनता रहा समाज कि ऊपर सिर्फ एक सबसे बड़ा अमीर दुनिया के सिर पर जा बैठा कुछ देर के लिए बाकी सब सबके नीचे रहे। सब सट्टे की कृपा। स्टॉक के स्पेकूलेटिव खेल की कृपा। अमीरी का पिरामिड भी रहा तो विदशी सट्टा निवेश की बदौलत रहा। बड़े लोग उनसे भी बड़े लोग उनसे भी बड़े सबसे बड़े और बड़े फारबिस वाले बड़े फारचून वाले। गरीबी को लाइन के ऊपर सिर पर खड़े अमीर लोग नर्तन करते रहे। ओम शांति ओम देखते रहे। रीयलिटी शो में अनरीयल को रीयल मन कर चलते रहे।

राशन का रिजर्वेशन रहा, न रहा। जाति-धर्म का रिजर्वेशन जोर पकड़ता गया। पहले ओबीसी रिजर्वेशन चला। आन्दोलन चले और सरकारी नीति चली। फिर सच्चर कमेटी आयी और रिजर्वेशन के नये इलाके निकाले गये। इतिहास फिर दुहरने लगा, हिन्दुत्व को बल मिला। लगातार बल मिला। मध्यवर्गीय हिन्दू बिखरी हुई भाजपा की ओर गया। मोदी उसका हीरो बने। बेदम हुई पार्टी की प्रेरणा बने। मोदी ने इसकी फसल साल के आखिर में अकेले बल पर गुजरात जीत कर काटी।

अब आठ का साल मोदीत्व का साल होना है। इतिहास को एक मोड़ देने वाला भी साबित हो सकता है, सन् सात का आखिरी महीना और आठ का साल। हिन्दुत्व का मोदी रथ जो चला है, वो दो हजार आठ में दिल्ली तक आने के लिए अपने अश्वमेध के घोड़ों को रातब दाना खिलाएगा। पुष्ट बनाएगा। हिन्दुत्ववादी राष्ट्रवाद में विकास का मिक्स राष्ट्रवाद की पुनर्परिभाषा कर डालेगा। जनतन्त्र की परीक्षा बढ़ेगी। सेकुलर संकट में रहेगा। ताकत का विमर्श जारी रहेगा।

दो हजार सात के आखिरी दिनों का सबक है : गुजरात का सबक है : जो मारे सो मीर। जो मार सकता है, उसी की पूजा होती है :

'भय बिनु होहिं न प्रीति गुसाईं।'

डराओ और राज करो। मैजॉरिटी का डर बिठाओ। माइनॉरिटी ठीक रहेंगी।

जनतन्त्र का मतलब यही होना है। नो मोर तुष्टीकरण-पुष्टीकरण। अपना रुष्टीकरण ही उनका तुष्टीकरण है।

नो मोर सच्चरीकरण। नो मोर नो मोर। ऐसी ही आवाजें आती हैं, इस साल के आखिरी दिनों में। अगले साल में कट्टरता और उदारवाद के बीच जंग रहनी है। मीर और अमीर के इस मिक्स में गरीब के जिन्दा रहने के लिए जरूरी बीच की जगह मिट जानी है। हम सब एक साम्प्रदायिक विकास के उन्माद और सेकुलर रक्षात्मकता के बीच किसी एक को चुनेंगे।

बहुत से अस्मिता-विमर्शों और उग्र हिन्दुत्ववादी केन्द्रण के बीच समर रहना है। सेंसेक्स जितना ढीला है, वह और ढीला होगा, क्योंकि बुश ढीले होंगे। उनकी सब प्राइम की समस्या बनी रहेगी। हिलेरी क्लिंटन आएगी तो या गुलियानी आएँगे, तो भी रहना अमरीका को गिरावट में ही है!

मनमोहन जी ने तो उतनी ही तटस्थता से फरमा दिया है कि अमरीकी गिरावट या मन्दी का असर भारत को छुए बिना नहीं रह सकता। तो तैयार रहो। मन्दी के लक्षण तो सात में ही दिखने लगे हैं कि कोई तीस लाख नौकरियाँ इस बीच चली गयी हैं। मध्यवर्ग की बूम अब छटपटाहट में बदल रहा है और भी बदलेगा। आतंकवाद भारत-पाक के लिए एक-सा रहना है।

समाज में विश्रृंखलता बढ़नी ही है। अस्मितामूलक आन्दोलन, छीना-झपटी और मारामारी बढ़नी है। आतंकवाद इस उपमहाद्वीप में रहना है। नक्सल रहने हैं, माओवादी रहने हैं, हिन्दुत्ववादी रहने हैं, इस्लामी तत्ववादी रहने हैं और इसी में हम सबको रहना है। न्यूक्लीयर डील को क्लीयर अन क्लीयर के रहस्यवाद में रहना है। मिडटर्म चुनाव नहीं होने हैं, सबको डर होगा : मोदी आ जाएगा।

राजनीति में अभी इस सरकार को एक साल और मिलने वाला है। धोनी की टीम इंडिया खेलती रहेगी। शाहरुख खान अमिताभ की सीट हथियाने के चक्कर में रहेंगे। हॉलीवुड बॉलीवुड का मेल बढ़ेगा।

चैनल तेजी से खुलेंगे। चैनल खेल सस्ता होगा। स्टिंग पर अंकुश लगेगा। बिल आए न आए कानून लागू किया जाता रहेगा। अगला साल सात के कर्ज उतारेगा। नये कर्ज लेगा। जिन्दगी गिरती रहेगी। बिगड़ने के आनन्द आते रहेंगे। पतन के आनन्द बढ़ेंगे। मॉल खुलेंगे। माल कम होगा। अगर-मगर खूब होगी, लेकिन खनक नहीं होगी।

ऐसा ही होना है अपना एक और साल! वही दुहराव, गिरना और गिरना और गिरना। फिर थकहार कर दो कदम चलना रोना-गाना। यों ही नाचते गाते जाना। कभी उसकी ताक पर कभी इसके माल पर। कभी उसके माल पर हर चपत पड़नी है अपने माल पर। क्योंकि जीवन एक सट्टा बाजार है और सट्टा ही सत्य है।

30 दिसम्बर, 2007

नागरिकता और लम्पटता

नाचना, गाना, शराब पीना, उन्मत्त होना और देर रात तक सड़कों पर हंगामा करना। पबों में शराब छककर तेज गाड़ी चलाते हुए निकलना और ठोंकना और आखिर में पटाखेबाजी। यह नये साल का आम कर्मकाण्ड बन चला है। इस बार इसमें पिछले साल के मुकाबले कुछ इजाफा नजर आता है। पिछले साल मुम्बई में एक लड़की मालेस्ट हो गयी थी, इस साल दो की गयीं, नाच, गाना, नशा, रफ्तार, हिंसा, नये साल के ये चिह्न ही असली चिन्ह बनते हैं। इस बार महानगरों में नया साल जिस तरह मनाया गया, उसमें होटल उद्योग आगे रहा। इधर से पैसा निकला उधर गया।

आप नया साल मनाने के लिए किसी ढाबे पर नहीं जाने वाले। यानी पैसे का खर्च किया जाना, शान का दिखाया जाना, गये साल को विदा कहने और नये साल का स्वागत करने के लिए जरूरी-सा बना दिया गया है। होटल, शराब, तेज रफ्तार गाड़ी और पटाखेबाजी इन तमाम में एक प्रदर्शन प्रिय समाज है, जो प्रदर्शन पर जोर देता है। निजी ऐश और ऐश्वर्य को जीवन मूल्य मानता है।

टीवी बाजार का तत्व है। इस चक्कर में कोई भी उत्सव अब प्रदर्शनकारी हो चला है। यहाँ तक कि निजी पारिवारिक कार्य तक प्रदर्शनकारी हो गये हैं। यह बुरा नहीं है, लेकिन ऐसा अच्छा भी नहीं, प्रदर्शन स्पर्धा को जन्म देगा और स्पर्धा हिंसा की बहन होती ही है। होली, दीवाली, शादी या कोई अवसर, किसी स्कूल का फंक्शन हो या कोई और सामाजिक मौका नाचना, गाना, खाना, शराबखोरी और तेज रफ्तारी अब सब नागरिक अलंकार हैं। नाच, गाना, खाना, पीना और तेज रफ्तार, ये पाँच तत्व नये पैसे की, पूँजी की सांस्कृतिक संरचनाएँ हैं। ये माचो यानी मर्दानगीवादी संरचनाएँ हैं। इन संरचनाओं को लपक तो लिया गया है, मगर उसके लिए व्यक्ति तैयार नहीं हुए हैं। वे छलांग लगाकर उत्सववाद में आ गये हैं, क्योंकि अचानक किसी के ऊपर पैसा बरस उठा है, नये चलन के अनुसार वह किसी विचार से दूसरों को कायल नहीं कर पाता, बल्कि अपने ऐश्वर्य से कायल करता है। लोग कायल होते भी हैं, क्योंकि ज्यादा पैसा है तो ज्यादा ताकत है ऐसा सामाजिक सच अब सर्व स्वीकृत हो चला है।

नये साल में हर शहर असुरक्षित इसीलिए होता गया है कि सड़क पर मस्ती

और हैसियत का राज सांस्कृतिक लाइसेंस पाकर सत्तावान हो जाता है। एक नया युवावर्ग रात के स्पेस का आजाद बादशाह हो जाता है। इस उपक्रम में चाहे मुम्बई का मरीन ड्राइव हो या जुहू या दिल्ली का कनॉट प्लेस, कोच्चि की कोई जगह हो या कानपुर, लखनऊ, पटना हो, एक आवारापन फैल जाता है। साधारण नागरिकता की जगह लंपटत्व कायम हो जाता है।

नाचना, गाना, खाना, पीना और हैसियत जो ताकत देते हैं, वह कमजोर पर व्यक्त होती है। सड़क पर सो रहे गरीबजनों को कारें कुचल सकती हैं, जिनके तेज रफ्तार होने के प्रियतर लगने वाले विज्ञापन कहते रहते हैं कि सड़क पर गरीब का सोना मना है। मर जाने पर सुखी लोग उसी को गलत कहते हैं कि वो सड़क पर क्यों सोया था? कमजोरवर्ग में औरतें भी आती हैं, जिन्हें आसानी से छेड़ा जा सकता है। भारतीय मर्द की मर्दानगी यहाँ खुलकर खेलती है, जैसा कि पिछले साल और इस साल मुम्बई में और एक साल पहले दिल्ली में खेलती देखी गयी। हर बार औरतें शिकार हुईं।

मुम्बई में दो लड़कियों को पचास साठ लोगों ने घेरकर छेड़ा, कपड़े फाड़े। पुलिस के एक बड़े अफसर ने कहा कि ऐसा कहीं भी हो सकता है। पुलिसवाला सच कह रहा था क्योंकि पुलिस से बेहतर लम्पटता को कौन जानता है। जब भारतीय मर्द का सामंती मन उपभोक्तावाद में आनन्दित है, वह अपनी बीवी/लड़की को प्रोटेक्ट करता है, जाने से मना करता है। इससे जाहिर है कि वह दूसरों की बीवी/लड़की को अवसरवादी नजर से देखता है। काम करने वाली लड़कियाँ, औरतें उसके लिए एक चुनौती और आकर्षण की तरह होती हैं। वह अपनी लम्पटता से उन्हें नियन्त्रित करना चाहता है। हर ऐसा मौका सामंतीय उपभोक्तावादी लम्पटता का प्रदर्शन करता है। नये वर्ग ने अपने को मन के सामंत से मुक्त नहीं किया है, बल्कि समझता है कि अब लाइसेंस मिल गया है।

हमारा सिविल स्पेस इसीलिए असुरक्षित और लम्पट है। यही कारण है कि नया साल खूब मनाया जाता है, तो भी अगले साल फिर वही किया जाता है जो इस साल किया है। वही नाच, गाना, खाना, पीना, तेज रफ्तार से ठोंकना, छेड़छाड़ और झगड़ा! सामंतीय आधुनिक उदार बनें, तो उनकी बच्चियाँ भी समाज में सुरक्षित होंगी।

5 जनवरी, 2008

राज्येतर लेखिका का निर्माण

पाकिस्तान कह रहा है कि 'नॉन स्टेट एक्टर्स' यानी 'राज्येतर खिलाड़ियों' पर उसका कोई वश नहीं है। वह नहीं जानता कि वे कहाँ के रहने वाले हैं? क्या करते हैं? क्यों करते हैं? कहाँ-कहाँ करते हैं? इधर हिन्दी के कथा साहित्य में भी एक 'नॉन स्टेट एक्टर' अवतरित हो गया है कहना चाहिए 'नॉन स्टेट एक्ट्रेस' अवतरित हो गई है। एक चैनल ने उसका आइटम बनाया। फोटू दिखाया। वह पश्चिमी रंग की गोरी गेम सरीखी दिखी। उसका ठिकाना हिमालय में कहीं बताया गया। एक सम्पादक ने कहा कि हम नहीं जानते कि वह कौन है, मगर हम्रने उसे छापा है। उसकी कहानी छापी है और आखिरी कहानी भी है हमारे पास और कि वह अस्ट्रेलिया में कहीं रहने चली गयी है। उसका पक्का अता-पता नहीं मालूम कि वह कहाँ है?

एक युवा रचनाकार ने मामले की तह तक पहुँचने की कोशिश की। उसने हिमाचल में एक आरटीआई डाली, लेकिन एक महीने से ऊपर हो जाने पर भी उसे सूचना नहीं मिली कि यह मेम कौन है जिसका नाम स्नोवा बार्नो बताया जा रहा है। जिसकी कहानियाँ हिन्दी में धूम मचा रही हैं और कई साहित्यिक पत्रिकाएँ उसे छापे जा रही हैं।

कहते हैं कि उसकी कहानियाँ एकदम नयी तरह की हैं। प्रेमचन्द, अज्ञेय, जैनेन्द्र, मोहन राकेश, कमलेश्वर और आज की सारी लेखिकाएँ उससे बहुत पीछे दोयम नजर आती हैं। वो 'न भूतो न भविष्यति' है। वो 'आह-आह' है। 'वाह-वाह' है। मगर ये राज्येतर! ऐसी साहित्यकार जिसका कोई 'राज्य' नहीं है। कोई पता ठिकाना नहीं है।

बड़े कठिन दिन हैं। 'नॉन स्टेट एक्टर' आतंकवादी बने हुए हैं। उनके पते ठिकाने भारत सरकार पाकिस्तान को नित्य बता रही है। वह नहीं मान रहा है। उनके पते-ठिकाने हैं पहचानपत्र हैं, लेकिन एक नीति के तहत पाकिस्तान उन्हें राज्येतर का दर्जा दे रहा है। पाकिस्तान कह रहा है कि हम नहीं जानते, इस नाम का कोई आदमी हमारी मर्दुमशुमारी रिकार्ड में दर्ज नहीं है। कसाब ऐसा आतंकी है जो पकड़ में तो आया है। अपना पता तो दे रहा है, मगर पाकिस्तान है जो अपने झूठ के जादू

से उसे गायब किये दे रहा है।

लेकिन हिन्दी साहित्य में अवतरित कराई गयी स्नोवा बार्नो पकड़ में ही नहीं आ रही। वह पहले सीन से रहस्यमयी हो गयी है। गायब हो गयी है। उसकी कहानी है मगर वह नहीं है, उसकी फोटू है मगर वह साक्षात कहीं नहीं है। बहुत दिन बाद ऐसा मजेदार 'रहस्यवाद' साहित्य में वापस हुआ है। और इस रहस्यवादिनी की रचनाएं वे छाप रहे हैं जो रहस्यवाद के घोर विरोधी रहे हैं और स्वयं को प्रगतिवादी से कम हरगिज नहीं मानते। उनकी प्रगति में यह रहस्य एक निराला कंस्ट्रक्ट है।

छायावाद के भीतर रहने वाली रहस्यवादी कविता में कवि की प्रेयसी इष्ट बनकर अक्सर लुका-छिपी करती थी। आलोचकों ने उसकी बड़ी खोज की, लेकिन वह अब तक मिलके नहीं दी। वह भी एक राज्येतर खिलाड़िन बन सकती थी, लेकिन छायावादी रचनाकार इस मामले में बेहद मासूम ही रहे। ये विशेषणों में बताते रहे। संकेतों में कहते रहे।

अब के लेखक फोटू तक ले आते हैं, टीवी वाले दिखा देते हैं। तब भी यह महान लेखिका रहस्यमयी बनी रहती है। हिन्दी साहित्य के लपकत्व को उसकी अठखेली में प्रसादीय कविता की उस नायिका की लुका-छिपी का मजा आ रहा है। साहित्यिक 'लपकत्व' की प्रवृत्ति के लिए 'आलिंगन में आते-आते मुस्कराकर 'जो भाग गया' का खेल चल रहा है।

लपकत्व साहित्य की समकालीन प्रवृत्ति को बताने वाला एक तकनीकी पद है।

संस्कृत के पंडित माफ करें हिन्दी में 'लप' इसकी मूल धातु है। उसमें क लगने से लप से लपक, लपकना, लपका, लपकत्व बनता है।

साहित्य में इसकी क्रियमाणता सर्वत्र है। यह लेखिकाओं की खोज में दिन-रात लगे लेखकों का प्रिय विशेषण है।

वे खोजी प्रवृत्ति के हैं और वे अपनी-अपनी नयी-नयी लेखिकाएँ खोजते-बीनते रहते हैं और बेचारी लेखिकाएँ भी इनको मिलती रहती हैं। हमारा डर है। हो न हो यह राज्येतर लेखिका ऐसे ही किसी लपकत्व की शिकार हो गयी हो! उसका नाम जाली हो, कोई और उस नाम से लिख रहा हो। शर्म के मारे छिप रहा हो। सबको चौंकाना चाहता हो। छद्म नाम का अता-पता होता है। मगर इसे रहस्य बनाया जा रहा है।

आज के समय में उसका नाम-पता जानना कठिन नहीं है। जिन पत्रिकाओं में उसकी महान कहानी छपी हैं उसके यहाँ से उनको कुछ न कुछ पेमेंट तो गया होगा जो चेक या मनीआर्डर से होगा? उसके जरिए उसका पता-ठिकाना मालूम हो ही सकता है।

अगर उसकी कहानी किसी लपके ने लिखी है तो भी मालूम हो सकता है। पत्रिकाएँ कह सकती हैं कि वे पेमेंट नहीं देतीं। उनके पास पता नहीं है।

तब एक अन्तिम काम किया जा सकता है। इस लेखिका की बरामदगी के लिए 'हेबियस कारपस' डाला जा सकता है, जनहित याचिका डाली जा सकती है कि एक लेखिका गायब है उसे बरामद किया जाए। महिला आयोग का ध्यान खींचा जा सकता है कि पता लगाए। आखिर एक लेखिका के गायब होने का मामला है।

और फिर नॉन स्टेट एक्टर इन दिनों खतरनाक हैं इसलिए पता लगाना जरूरी है।

11 जनवरी, 2009

एक रत्न इधर भी

विनय की पाती रत्न-कमेटी जी को लिख रहे हैं। तय हैं कि कमेटी जी हिन्दी नहीं पढ़ती होंगी। कमेटी जी न पढ़ें। जनता तो पढ़ेगी। जनता पढ़ेगी, तो दबाव बनेगा। भारत रत्न न सही। कोई पंजी-दस्सी वाला रत्न ही मिल जाएगा। इस उम्मीद पर यह लेखक इस पाती को लिख रहा है जी।

अपन की माँग यह तो नहीं ही है कि हमें आप भारत रत्न लायक आइटम मान लें। हम जानते हैं कि नाली की ईंट चौबारे में फिट नहीं होती। लेकिन जबसे आडवाणी जी ने रास्ता खोला है, एक आइडिया ने घर में घमासान मचा दिया है। हमारे घरवालों में से कुछ की बड़ी तमन्ना है कि इतना-इतना कचरा मीडिया में पेलते हो और इतना भी नहीं होता कि एक रत्न ले आओ। इस बार दबाव बढ़ा है, सो पाती लिख रहे हैं।

रोटी के बाद आदमी कीर्ति का लड्डू खाना चाहता है। सारी फाइटें कीर्तिवादी होती हैं। आडवाणी जी तो हमारे जैसे कृमि कीट पतंग के बारे में जानेंगे नहीं, न कभी हमारे लिए एक लाइन लिखेंगे। जिसका कोई नहीं उसका खुदा हो, न हो कम से कम वो खुद तो हो। इसलिए हे कमेटी जी! जीवन में पहली बार बेशर्मी से कह रहे हैं कि जब माँग और पूर्ति ही पर सारी कायनात चल रही है तो अपनी डिमांड एप्लीकेशन भी लाइन में लगा लेना। अटल जी को अब कम-से-कम भारत रत्न मिल जाना चाहिए। ऐसा मानने वाले अनेक होंगे। हमारा मानना है कि वे कोहिनूर के हकदार होने चाहिए। भारत रत्न की माँग करने वालों ने उनके संग जरूर दिल्लगी की है। दिल्लगी इसलिए की होगी कि वे खुद ठहाका पसन्द रहे हैं। वे दिल्लगी न कर सके, तो उनके एक साथी ने कर दी है। अब उस कमेटी जी की ही बारी है कि वह सोचे कि अटल जी को दिया जाए कि न दिया जाए। हमारा मानना है कि अटल जी के संग आडवाणी जी को भी दे दिया जाए, तो मामला निपट सकता है। राहुल भैया को भी अभी से लाइन में रख लें। हो सके तो दे ही दें। युवा शक्ति के अग्रदूत और बुजुर्ग पीढ़ी के बीच बैलेंस रहेगा। कल आनेवाले के लिए आज से ही निवेश ठीक रहता है। चतुर सुजान तो कई पीढ़ी पहले से निवेश करते हैं तब फल मिलता है। फेवर का पौधा धीरे-धीरे बड़ा होता है उसे कई प्रकार के खाद पानी चाहिए

होते हैं। विद्वानों को वक्त रहते अटल जी की काव्य परम्परा की खोज कर लेनी चाहिए। हम मानें न मानें। अगले पाँच साल में एक दिन तो ऐसा आना ही है कि उन्हें ओज-तेज का कवि माना जाए। न मानेंगे तो किनारे होंगे वे उदार भगवा रंग वाले कहे ही जाते हैं। सम्वेदनशील हैं ही, मजाहिया भी हैं। वे। एटम बम फोड़ चुके हैं। इण्डिया को चमका चुके हैं। जब भी कोई अफसोस जताने का अवसर आया है, जताया है। बाबरी गिरायी तो उन्हें तकलीफ हुई। मोदी का गुजरात हुआ तो भी उन्हें तकलीफ महसूस रही। और क्या चाहिए? सेकुलर पेट में दर्द उठेगा कि अटल जी को है तो ज्योतिबाबू के लिए क्यों नहीं है जी? अजीब बात है। सरकार हम चला हिला रहे हैं और रत्न कोई दूसरा ले रहा है। आइडियोलॉजीकल वार तय है। अटल जी का सेकुलरों में भी जलवा रहा। वे कवि हुए तो उनकी कविता की विशेषताएँ बताने की बात आयी। हिन्दी के दो-तीन लेखक अचानक सही टाइमिंग कर उन कविताओं की व्याख्या करते पाये गये। ये टकियल टिप्पणीकार उस वक्त भी चूका। चूका क्या, डीडी ने घास ही नहीं डाली। जब विन्ने एटम बम फोड़ ही डाला तो सही टाइमिंग से एक्शन करने वाले एक हिन्दी लेखक उनके एटमी तत्व पर कुर्बान हो उठे। जब अटल जी पीएम बने तो कई बुद्धिजीवी इण्डिया को चमकाने के वास्ते पॉलिशिए हो गये। अब ऐसी भारत रत्नी नाजुक गुहार के वक्त वे कहाँ हैं? इस बरिया अपन टाइमिंग नहीं चूकना चाहते। हे कमेटी तू कहीं भी हो और हिन्दी न पढ़ने वाली हो तो भी किसी से सुनना जी कि इक्कीसवीं सदी में भारत रत्न किसे दिया जाए? इसका फैसला माँग और पूर्ति के नियम से होना चाहिए। खुले कंपिटीशन से होना चाहिए। पर्चियाँ माँगी जानी चाहिए।

हमारी विनती तो बस इतनी है कि कमेटी को कई प्रान्तीय, जिला, तहसील व मुहल्ला स्तर के रत्न करने चाहिए। जैसे फैशन क्वीन विश्व स्तर की होती है और नोएडा के सेक्टर सोलह की भी होती है और शकरपुर की एक गली की भी। इसी तरह मुहल्ला रत्न दिए जाने चाहिए। बहुलतावादी होना चाहिए। मायावती, सोनिया जी को भी लाइन में समझें। इतना भी न पड़े तो उस कीकर के पेड़ को दे दें, जिसके ऊपर एक अक्सर शोर मचाते हैं। आप नाले का कीचड़ रत्न पर भी विचार सकते हैं। यदि इसमें भी कंपिटीशन फील करें तो उसके जातक मच्छरों में से किसी एक मच्छर के नाम का रत्न दे दें। आगे क्यों कहें? आप इस फटीचर का संकेत समझ गये होंगे कि यह टलने वाला नहीं है। याचक है, और दरवज्जे पर एप्लीकशन डालकर पड़ गया है।

13 जनवरी, 2008

नैनो की सीट पर मार्क्सवाद का तकिया

कभी वैज्ञानिक मार्क्सवाद की मंडी ठीक-ठीक लगा करती थी। फिर जड़ मार्क्सवादियों ने कब्जा कर डाला। उसके बाद संशोधित परिष्कृत मार्क्सवाद का बाजार खुला। इस बीच नव मार्क्सवादियों ने यूरोप में अपनी दुकान लगा ली। अतिवामपंथियों ने लगा ली। लेकिन अब 'नैनो मार्क्सवाद' का जमाना है। 'नैनो' एक व्यंजनामूलक पद है। ब्राण्ड हमेशा ही व्यंजनात्मक होते हैं। कुछ ज्ञानी इसमें 'नैनो' तकनीक अर्थ खोज सकते हैं, लेकिन जो हमारे जैसे साहित्यिक अभिरुचियों के मारे हैं, जो किसिम-किसिम के मार्क्सवादों की हवा खाए हैं, उन्हें हमेशा लगता रहा है कि 'नैनो' नाम में हिन्दी की बिन्दी जानबूझकर छोड़ दी गयी। हिन्दी हो जाती 'नैनो' 'नैनों' बन जाती। मगर हिन्दी ब्राण्ड नाम होता तो बाजार में कितना चलता? आप किसी गाड़ी को किसी हिन्दी नाम से जैसे 'कमला' 'विमला' नाम से पुकार तो दीजिए, तुरन्त बिगड़कर खड़ी न हो जाए तो कहना!

कार एक समग्र विचार है, व्यवस्था है। संस्कृति है। उसका समग्र सौन्दर्य सामान्य कविता, कहानी, आलोचना से कहाँ भारी है। यकीन न हो तो दिल्ली के साहित्यकारों से पूछ लें जो नित्य कहते हैं : कार भेज देना तो आएँगे। कार का अपना सौन्दर्यबोध होता है। जब कोई कार नैनो होकर नैनों की झाईं देने लगे तो महाराज सीधे रीतिकालीन नायिकाओं के नैनों की भरे भवन की वारदातें याद आए बिना नहीं रहतीं।

आप कार और नैनो का अन्तरसम्बन्ध ही देखें। जब नैनो आयी तो करोड़ों नहीं, अरबों नैनों ने उसे निहारा। इतना निहारा कि चार करोड़ वाली कोई देख नहीं पाया। एकदम सुपर मॉडल जेनिफर लॉपेज की नाक की तरह दबी हुई विनम्र नामक 'नासिका क्षुद्र रन्ध्रा' वाली पद्मिनी नायिका के उपमान को लजाती हुई-सी। पतली, छोटी छरहरी काया उन्मुक्त। मल्टीगीयर गतिवाली, मतिवाली। चुस्त-दुरुस्त, सुडौल चिकनी काया। अमेरिका सँभलकर बैठ गया। चीन सकते में। जापान को गश आया कि नैनो भारत ले उड़ा। जिस पर मरने वाले इक्के तांगे वाले रिक्शे साइकिल वाले, हरियाणवी जुगाड़ वाले सब दिलचस्पी लेने लगे। ऐसी नैनो नामक कार जनता की कार ही कहला सकती है। इन दिनों साहित्य में जनता शब्द के आते ही सब कुछ

ऑटोमैटिकली रेडीकल-क्रान्तिकारी दीप्ति से भर उठता है। इसीलिए नैनो मार्क्सवाद, चिक्कण मार्क्सवाद है।

असली कवि ट्रकों को चलाने वाले हुआ करते हैं। एकदम आत्मानुभूति कहते हैं। नये ट्रक की बॉडी पर तरह-तरह के शेर लिख देते हैं, जो ट्रक की समूची कहानी और ट्रकर के अकेलेपन, अजनबीपन और विस्थापन की पीड़ाएँ नये कवि से ज्यादा प्रामाणिक ढंग से कहते रहते हैं। एक बार एक ट्रक ने अपनी राम कहानी चार लाइनों में यों खत्म कर दी :

'मदरास में जनम लीया, बाँबे में हुई जवान
जैपुर में ब्याही गयी, दिल्ली किया मुकाम।'

नैनो का इतिहास बताता है कि जन्म के बाद नामकरण में बड़ी परेशानी रही, कभी उसे सिंगूर कार सोचा गया, कभी बुद्धा कार तक सोचा गया था। नैनो इसी अर्थक्रम में मार्क्सवाद से जुड़ती है। यह हमारी बिन्दास कल्पना मात्र नहीं, ऐतिहासिक दुर्निवारता है। नैनो की क्रान्तिकारी रचना के कुछ दिन बाद ही बुद्धा ने शुद्ध भाव से कहा कि पूँजीवाद में रहता हूँ, पूँजी चाहिए, विकास के लिए पूँजी। काडर सन्तुष्ट नहीं हुआ। मार्क्सवादी काडर यों ही सन्तुष्ट नहीं होता। लाइन के जाप से बँधा रहता है। ऐसे में बुद्धा बोलें, तो भी नहीं सुनता। ज्योतिबाबू बोलें, तो भी नहीं सुनता। नैनो गरीब की कार है, एक लाख की है, अभी बाजार ने हजारों लखपतियों को सेंसेक्स में मार डाला। खरबों निकल गये। उनके नैन कम्प्यूटर निहारते रहे, पैसा निकल गया। यही हाल नैनो का है। 'नैनों' में भीमसेनी सुरमा काजल शोभा देता है। कार के नैनों में मार्क्सवाद का सूरमा ही शोभा दे सकता है।

आह क्या शोभा, क्या ग्लैमर नज़र आता है : गरीबी की रेखा के नीचे नैनों पहुँच गयी है। नीचे जाम लगा है। जाम ऊपर तक आ रहा है। सब रुका है। सब पों पों कर रहे हैं और लड़ रहे हैं, सारे समाज का ट्रैफिक जाम है। नैनो मार्क्सवाद का जमाना है। 'उठ उठ री लघु लघु लोल लहर' है। रह-रहकर प्रिया पूँजी की याद सताने लगती है। इस तरह पैदल मार्क्सवाद, साइकिल मार्क्सवाद, रिक्शा मार्क्सवाद से आगे नैनो मार्क्सवाद होना है। कैसा उत्तर आधुनिक सौन्दर्य है इस नैनो मार्क्सवाद में कि नैनों को भला-भला लगता है, आकर्षक लगता है, यह है नैनो मार्क्सवाद प्यारा-प्यारा मार्क्सवाद। अरे विचार न मानोगे कार तो लोगे । कार की पिछली सीट पर मार्क्सवाद का एक छोटा तकिया तो हो ही सकता है। स्माल मार्क्सवाद। ब्यूटीफुल मार्क्सवाद। बिन्दास बाबू तो नैनो मार्क्सवाद के दीवाने हैं।

27 जनवरी, 2008

आदरणीय, परमादरणीय जी!

साहित्यिक हिन्दी पवित्र कर्मकाण्डी फारमल भाषा बन रही है। वह देववाणी की तरह दिव्य बन रही है। संस्कृत बाजार के आने से पहले ही सुगति को प्राप्त हो गयी। यह साहित्यिक हिन्दी भी हो जानी है। इसके बरक्स जनता की हिन्दी बाजारी रही। और अब ग्लोबल बाजार के हाथ पड़ गयी। बड़ी मुसीबत है। ग्लोबल हिन्दी कहती है कामकाजी बन जा। चल घर के काम कर, बाहर के काम कर। मेहनत कर। पवित्र साहित्यिक हिन्दी कहती है : मैं तो पवित्र-कर्मकाण्डी फारमल रहूँगी जी!

हिन्दी जनता की जरूरतें कामकाजी हैं। हिन्दी के साहित्यिक कर्मकाण्डी हैं। बेहद फारमल भाषा बनाते हैं, जबकि आम जनता की भाषा सीधी, दो-टूक अनौपचारिक, मस्त, बिन्दास होती है। साहित्यिक हिन्दी में कर्मकाण्डी औपचारिकताएँ बढ़ रही हैं। हिन्दी के औपचारिक संसार में लाखों 'जी' रहते हैं। जितने साहित्यिक किस्म के प्राणी होते हैं सब 'जी' होते हैं। देशों में 'जी 8' हैं। 'जी 13' हैं। इधर अकेले हिन्दी में लाखों 'जी' हैं। वे एक-दूसरे को 'जी-जी, जी-जी' कहते रहते हैं। 'जी' के बाद 'आदरणीय' की संख्या बहुत बड़ी नजर आती है। कई जगह 'आदरणीय' कह कर काम चलाते हैं। 'आदर्णिय' और 'आदर्निय' भी हो जाता है। जहाँ आदरणीय होते हैं, वहाँ का माहौल गम्भीर होता है। आदर होगा तो उच्छृंखलता नहीं होगी, अनुशासन होगा।

इस आदर के पिरामिड में सबसे नीचे 'जी' रहते हैं। यह 'जी' कब उचक कर आदरणीय बन बैठेंगे, पता नहीं चलता। तलहटी में जी इसीलिए पड़े रहते हैं कि उन्हें कुछ देर बाद 'आदरणीय' होना है। प्रायः फादरणीयों को आदरणीय, दादरणीयों को परमादरणीय का दर्जा दिया जाता है। आदरणीय को देखते ही श्रद्धा का हल्का सा झोंका लग जाता है। वाक्य सँभलकर बैठ जाता है। परमादरणीय है तो 'श्रद्धेय' तो होना ही है। एक के लिए श्रद्धेय हुआ तो सबके लिए हुआ जानिए। उत्तर दक्षिण पूरब पश्चिम में 'जी' 'आदरणीय' 'परमादरणीय' 'श्रद्धेय' विचरते रहते हैं। हिन्दी में 'श्रद्धेयों' के लहड़े इस श्रद्धारहित युग में भी चलते हैं। श्रद्धेय के आगे 'गुरुदेव' बैठे होते हैं। हिन्दी में गुरु ही तो एक मात्र शाश्वत संस्था है। पता नहीं कब पहला गुरु हुआ होगा, कब पहला चेला हुआ होगा। इसका शोध अलग से ही हो सकता

है कि सृष्टि का प्रथम गुरु और पहला चेला कौन रहा? यह भी कि किस चेले ने किस गुरु के बाद या उसके रहते ही उनका क्या हाल बनाया होगा?

हिन्दी आज भी अपनी परम्परा से जुड़ी है। यहाँ आज भी लोग अपने-अपने गुरुदेव के आशीर्वाद से जिया करते हैं। उनकी लीलाएँ याद कर उनकी कथा कहने बैठते हैं कि एक बार गुरुदेव ने कक्षा में क्या कहा? किस तरह हँसे और फिर किस तरह सुनने वाले हँसे और अब भी हँसते हैं। गुरुदेव बड़े विनोदी स्वभाव के रहे जी! गुरुदेव की वाक्‌पुटता, उनका ज्ञान भंडार और प्रभाव सबके बारे में कहा जाता है। चेला गुरु के खूँटे से बँधा रँभाता, चक्कर मारता रहता है। गुरु के खूँटे से ज्ञान का पगहा बँधा रहता है। जब कोई पहले किसी को श्रद्धेय कह जाता है तो अगले वाले को उसके आगे 'परम' लगाना पड़ता है ताकि श्रद्धेय में वजन आ जाए। इकॉनमी में नया पूँजीवाद है। पॉलिटिक्स में पूँजी-पव्वावाद, है, लेकिन हिन्दी में अब भी 'जी' वाद है। हमारी हिन्दी परम्परा से जुड़ी जो है। सारे 'वादों' के परे है यह परम्परा। एक-से-एक वाद आए गये। 'जी' से लेकर 'गुरुदेव' की परम्परा पलती रही है।

हिन्दी की दूसरी आफत यह है कि उसमें 'कई पीढ़ियाँ एक साथ' लिख रही बतायी जाती हैं। अजीब संयुक्त परिवार है। लेकिन हमें तो सब में एक ही पीढ़ी दिखती है। वह है 'जी' लोगों की पीढ़ी। नये भी 'जी वादियों' की तरह दिखते हैं। वहाँ भी हर तरफ जी जी से लेकर आदरणीय, परमादरणीय, श्रद्धेय का रिकार्ड बजता रहता है।

हिन्दी में कई दर्जे के, कई औकातों के, कई ओहदों के लोग एक मंच पर बिठा दिये जाते हैं तब समस्या बढ़ जाती है। अगर वे आलोचक हुए तो और परेशानी। किसी गोष्ठी में पाँच बिठा दिये जाते हैं। इससे 'जी वाद' में समस्या पैदा हो जाती है कि किसको क्या कहा जाए? संयोजक को अतिरिक्त मेहनत करनी पड़ती है। सब बड़े हैं। कोई दस कमेटी का मनसबदार है, कोई पाँच का है, कोई दो का है, लेकिन धाक में, पव्वे में, नेटवर्किंग में आगे हैं तो उसे क्या कहा जाए? किसे प्रख्यात कहा जाए? किसे विख्यात कहा जाए? किसे जाने-माने कहा जाए? किसे आचार्य और किसे परमाचार्य कहा जाए?

अपनी सामंतीय ऊँच-नीच की औपचारिकताओं में फँसी हिन्दी अपने 'जी वाद' में बहुत वक्त बर्बाद करती है। फारमल हिन्दी में सारे काम-काज के बाद अन्त में सिर्फ 'जी' रह जाता है। जीवन नहीं बचता।

10 फरवरी, 2008

आत्मसंघर्ष के लोचे

इन दिनों हिन्दी में 'संघर्ष' कम सुनाई पड़ता है। 'आत्मसंघर्ष' शब्द और भी कम, लगभग नहीं के बराबर। ऐसा लगता है कि सारा आत्मसंघर्ष नई कविता के दौर में अकेले मुक्तिबोध के पल्ले पड़ा। उनके ही साथ चल बसा! लेकिन संघर्ष कहीं नहीं गया। वह जा भी कैसे सकता है? जब तक अपना प्रिय पूँजीवाद है, तब तक उसे रहना है। उसका ऐसा ही करार है। संघर्ष होगा तो आत्म संघर्ष होगा। बाहर आपाधापी है तो अन्दर उसके लिए तैयारी का आत्मसंघर्ष भी चलता ही है। मुक्तिबोध की तरह बीड़ी फूँककर और 'अँधेरे में' रहकर नहीं मरा जा सकता। वे सीधे पूँजीवाद से, साम्राज्यवाद से भिड़ गये। सब नारे आदि से दुश्मन को मारते थे।

इन दिनों आत्मसंघर्ष का प्राकट्य आसानी से नहीं होता 'बिटविन द लाइन्स' होता है। पाँच साल बाद नयी सरकारों की आहटें आने लगती हैं तब-तब लेखकों के बीच अनहद सी चुप्पी छा जाती है। वे राजनीतिक-सामाजिक मसलों पर जल्दी दो टूक नहीं बोलते।

बोलते हैं तो इतने 'किन्तु' 'परन्तु' लगाते हैं कि सबके 'बन्धु' लगते रहें।

प्रैक्टिस की बात है। हिन्दी वाला कर लेता है। बदलाव की आहटें उसके कानों में जल्दी पड़ती हैं। हिन्दी बेल्ट से ही बदलते हैं न सब! उसका काइयांपन बढ़ जाता है।

आधुनिक युग का मूल्य आत्मसजगता 'आत्मकाइयाँ' हो चली है। चंट, चतुर, चालाक, मधुर, मितभाषी व मृदुभाषी गहरे आत्मसंघर्ष की पीड़ाओं से अपना उद्धार करता हुआ ताक में रहता है कि अगली सरकार किसकी?

फिर साहित्य अपने 'वक्त के बादशाह' के लिए क्या-क्या नहीं करता रहा? हमेशा ही उसे करना हुआ है।

पहले से हीरो बनाता आया है, पूजा अर्चना करता आया है, तारीफ करता आया है। शास्त्रोक्त देवताओं को, सुरों को ही हीरो बनाता आया है। वे अपने समय के सब कुछ होते थे।

फिर युग आ गया राजा-रानियों का क्योंकि वे ही सबके हृदय 'भावों' को जमाने,

जिमाने वाले आलम्बन हो सकते थे!

यह नियम अब तक जारी है। देशकाल के अनुसार देखें तो अब दो हजार नौ के आम चुनाव आने वाले हैं। कई हिन्दी राज्यों में भी चुनाव होने हैं। आठ-दस महीने के बाद सब कुछ/युग आदि भी/बदल जाना है।

गद्दियाँ बदलनी हैं, राजा-रानी बदलने हैं, सो लेखक सोचता है कि ऐसा अभी से क्या जुगाड़ भिड़ाए कि अगले साल के बाद के दिनों में उसका कम-से-कम एक पीएम हो। यदि नहीं तो एक सीएम और एक केन्द्रीय मन्त्री अपना हो यानी कि वह उसके नजदीकवालों में हो।

जिन राजाओं को दरबार में साहित्य, संगीत, कलाओं आदि की जरूरत होती थी, राजवैद्य होते थे उसी तरह आज के राजाओं के लिए भी सिस्टम है। ऐसे ही चलता है, इसी के लिए साहित्यकारों को गहरी तैयार करनी पड़ती है। पड़ रही है। क्या यह आत्मसंघर्ष नहीं है?

अभी से सही-सही, ठीकठाक असामी पर दाँव लगाना है। उसके आगे-पीछे रहना है, उसके चमचे के चमचे के चमचे को साँटे रखना है। सूचनाओं का आदान-प्रदान संग्रह करना है और सही वक्त पर सही शगुन देख बात करनी है। करियर का मामला है बस उसकी पौबारह हुई नहीं कि अपनी गोटी लाल!

आगे क्या होगा? कौन पीएम होगा? किस दल की सरकार होगी? यूपीए की? एनडीए की? तीसरा, चौथा मोर्चा? उनके भीतर भी कौन है जिसे गद्दी सँभालनी है, उनके कांटेक्ट, कांटेक्ट के कांटेक्ट? क्या नम्बर है? कब मिलते हैं? कहाँ?

तुम कहाँ छिपे घनश्याम करो मत देरी
दुख हरो द्वारका नाथ शरण मैं तेरी!

लेखक का दिल इस गहन आत्मसंघर्ष में, विचारधारात्मक संघर्ष, भावनात्मक संघर्ष, चारुचारात्मक और दारूदारात्मक संघर्ष में रत है।

सवाल गम्भीर हैं। शायद खतरनाक भी।

तय करो किस ओर हो तुम? कस्मै देवाय हविषा विधेमः? को अस्मिन साम्प्रतिम लोके?

ये मामूली सवाल नहीं है। यही 'पोलिटीकल लोचा' हो रहा है जो लेखक को संघर्ष के लोचे में डाल रहा है।

संघर्ष का लोचा कठिन होता है। किसे-किसे सम्भालें, दलित को देखें तो दलित में कौन से दलित को साटें। वे भी तो बिखरे हैं कौन काम का है? ओबीसी देखें तो कौन से को सटाएँ?

ऐसा न हो कि सेवा अकारथ जाए? कांग्रेस में कौन से जिसे साहित्यकार बनाया

जा सकता है? सोनिया जी हिन्दी की कविता लिखने लगें तो कैसा रहे मगर उन तक पहुँच?

राहुल भैया पर अभी कवितामन्त्र मार सकते हैं? अटल जी तो अब कवियाने से रहे सो आडवाणी से लेकर अरुण जेतली तक क्या करें कि अपना कलम मन्त्र पहुँच जाए?

भइया जी बड़े जटिल संघर्ष का लोचा चल रहा है अपनी हिन्दी में। भइया जी तो गये। अब किसे भइयाजी बनाएँ? कोई बनने को तैयार ही नहीं लगता। कितना कठिन संघर्ष है? उसका लोचा है।

7 मार्च, 2008

ये मार्च का महीना है, सीजन है...

हिन्दी सेवियों को मार्च का महीना मारे डाल रहा है। सीजन है। 'बहुत बिजी' हो उठे हैं। यहाँ उतर रहे हैं। वहाँ चढ़ रहे हैं। टू टायर, थ्री टायर में लदे हैं। भीड़/यानी 'जनता'/के धक्के झेल रहे हैं। धक्के हिन्दी की सेवा की मेवा है। सर्वत्र मिलते हैं। इन दिनों महाराष्ट्र में मिल रहे हैं। वीर पुरुष उसे हँसकर झेलते हैं। मार्च का महीना हिन्दी-सेवा का महीना होता है। इसी में पूरे साल का लेवा-देवा होता है। जिस तरह किंशुक सड़कों के किनारे अचानक फूट उठता है लाल पीला बड़ा-बड़ा सा दहकने लगता है, उसी तरह हिन्दी सेवा से भरे-भरे ये विचार-टेसू यत्र-तत्र-सर्वत्र खिलने लगते हैं। मार्च के मस्त महीने में स्कूल, कॉलेज, विश्वविद्यालयों के विभाग सक्रिय हो उठते हैं। साल भर थपक-थपक कर सुलाई गयी साहित्य सभाओं, परिषदों, सम्मेलन कार्यशालाओं का आवाहन किया जाता है। उनमें प्राण प्रतिष्ठा की जाती है। जगाया जाता है। पूरे साल जिसे टकराते आए हैं उस हिन्दी को सम्पन्न करना ही होता है। नहीं करेंगे तो बजट लैप्स हो जाएगा। हिन्दी वाला लैप्स शब्द से बहुत डरता है। सब काम लैप्स करवा सकता है। पढ़ाई-लिखाई लैप्स कर सकता है, मगर घर आयी लक्ष्मी को ठुकरा नहीं सकता। हिन्दी के बजट को लैप्स नहीं कर सकता। जान चली जाए पैसा न जाए। उसका स्वभाव होता है सो वह काम में लग लेता है। मार्च ही महीना है जो अखिल हिन्दी सेवियों को एक सूत्र, एक भाव में बाँध देता है। मार्च में सब एक साथ मार्च पास्ट करने लगता है।

एक अटैची, एक झोला, झोले में एक ठो रेलवे समय सारिणी और चेहरे पर हिन्दी सेवन की चमक लिये वे किसी तरह किसी डिब्बे में अपनी सीट तलाशते हैं। जिस तरह शोधार्थी किसी सन्दर्भ को तलाशता है वे सीट बर्थ तलाशते हैं। शोध पद्धति यहाँ सबसे ज्यादा काम आती है।

मार्च के महीने में हिन्दी सेवी का रोजनामचा बहुत-भरा होता है। कोलकाता जा रहे हैं, फिर कानपुर जाना होगा, अगले दिन दिल्ली में दो कार्यक्रम हैं, फिर रायपुर का है, उसके बाद दो दिन सेठ मटरूमल कन्या महाविद्यालय का है, फिर नागपुर में है। वर्धा, अरे वहाँ का तो भूल ही गया। तीन दिन का है। ये लीजिए इनकम टैक्स वाले हिन्दी सेवा के भाव से भर उठे हैं। इधर वे भी करा रहे हैं। ये

रहे अंडमान में हिन्दी वाले, वे वहाँ हिन्दी की सेवा कर रहे हैं और मॉरीशस वहाँ भी तो जाना होगा...

इस मार्च के महीने ने हिन्दी सेवियों को बहुत-बहुत दिया है। एक डायरी, 'हाउ टू से नो व्हेन यू वांट टू से यस' की दुर्लभ मैनेजमेंटी कला, एक ठो मोबाइल, और एक्स्ट्रा इनकम सँभालने की कला।

डायरी रखने की कला कहती है कि बात करने से पहले जेब से डायरी निकाल लें। क्या पता सामने वाला कोई डेट ही माँग ले। अगला कदम है : एकदम हाँ नहीं करना। पहले ना करना है कहना है : भई खाली नहीं हैं। 'बहुत बीजी' हैं। फिर अहसान जताते हुए कहना कि चलो निकालते हैं समय। फिर डायरी पर आप लिखते हैं 'समय'। तीसरा आइटम मोबाइल है। मार्च में बहुत बिजी रहता है। सब हाथ में मोबाइल रखने लगे हैं। अब वे चौबीस घंटे की सेवा के लिए है। मन-ही-मन मोबाइल को सराहते हैं, गजब की चीज है भई ये तो। मंच पर बैठकर कान पर कान लगाकर बातें करने लगते हैं। 'किसी को डिस्टर्ब नहीं करना है' वाले उदात्त भाव से बिना शोर किए उठते हैं और एक हाथ कान पर दूसरा कमर पर मंच के कोने में जाकर धीरे-धीरे बतियाने लगते हैं। मार्च के महीने की आखिरी उपलब्धि बाजार का आइडिया है। वह विषय भी है। विषयी भी। वह भक्ष्य है और लक्ष्य भी।

विषय कुछ भी हो सब मिलकर बाजार पर पिल पड़ते हैं। मारते-मारते थक कर सुस्ताने लगते हैं।

साहित्य का वित्ताधिकारी भी ताली बजाने लगता है : सर जी, आप ने अच्छा बोला। ये लीजिए। मानदेय है। यहाँ दस्तखत कर दीजिए। टिकट दे दीजिए ओए बलबीर ले लेना सर से। वह निकल जाता है। अब बलवीर ही तकदीर है हिन्दी की।

जो साहित्य अभी हुआ है वह सब गायब है, हाथ में लिफाफा साहित्य की जगह ले लेता है। लिफाफे की अन्तर्वस्तु को भाँपा जा रहा है। खोल कर देखा, गिना जा रहा है। हिसाब चल रहा है यहाँ तो सिर्फ इतने ही मिले। कुछ पाँच सौ एक हजार। और लीजिए ये टूटे पैसे भी मिले हैं। साहित्य कहीं सो गया है। तुलनात्मक अध्ययन होने लगा है। अरे वहाँ तो इतने मिले थे। ये बड़े घटिया लोग हैं, सिर्फ इतने दिए हैं। उनको भी इतने दिए हैं, मैं क्या कम हूँ। मैं क्यों आया?

मार्च का महीना साहित्य के संयोग-वियोग का होता है। संयोग हुआ कि वित्ताधिकारी बीच में आकर 'वियोग' की स्थिति पैदा कर देता है।

9 मार्च, 2008

बिन्दासमय जनतन्त्र

पिछले ही दिनों की बात है, दो बड़े साहित्यकारों को सम्मान दिये गये। दोनों ने कहा कि सम्मान नये लेखकों को देने चाहिए। बिन्दास का मन इसमें निहित 'त्याग तत्व' पर मुग्ध हो गया है।

हिन्दी में जब आदमी किसी सम्मान को एंजॉय करने लायक नहीं रहता, जब उसकी इन्द्रियाँ शिथिल हो जाती हैं, तन तरुवर के पत्र-पुष्प झड़ जाते हैं, हाथ, पैर, आँख, नाक, पेट, सब सचमुच सम्वेदनशील हो जाते हैं। एक हताशा दुराशा मन पर डिप्रेशन बनकर तारी रहने लगती है। 'माधव हम परिनाम निरासा' वाला गीत निरन्तर कानों में बजने लगता है। नया बदलता समाज बुरा लगने लगता है। बच्चे पूछते नहीं, अध्यक्ष वाले कुर्सियाँ कोसने लगती हैं।

हिन्दी में तो सम्मान दान का खेल 'उम्र' से तय होता है। आप किसी तरह अस्सी पार कर गये हैं तो आप ज्ञानपीठादि का इन्तजार करें। राज्यसभा की ओर देख सकते हैं। अपने 'सुकतों' का लेखांदि जमा करते रह सकते हैं। आप किसी बड़ी कमेटी, किसी संस्था का नामित होने के लिए इन्तजार कर सकते हैं, बाकी समय में आप पब्लिक इंटलेक्चुअल बने रह सकते हैं और हर समय राजनीतिक रूप से सही रहने का अभ्यास साध सकते हैं।

इसीलिए बड़े लेखकों ने कह दिया कि देने वालों को नये लेखकों को देना चाहिए।

लेकिन, नये लेखक तो गुरुओं के भी गुरु नजर आते हैं। सीन यह है कि पहले से ही सब साध लिया है। किसी को इस ठुकराए दान की जरूरत नहीं। इस दान-भाव का भी नयों ने बुरा माना होगा।

अब बताएँ कि हिन्दी साहित्य के इतिहास में इस अद्भुत अन्तर्वृत्ति का इतिवृत्त कैसे लिखा जा सकता है?

हमारे पाठक बिन्दासभाव को उजड्डपन, बिलल्लेपन से जोड़ते हैं। कुछ बेपरवाह, कुछ कुछ इर्रेवरेंट भाव, साहित्य के हजूकों-खजूरों के प्रति कुछ-कुछ अ-श्रद्धाभाव बिन्दास मिजाज का अंग है। यह कइयों को बुरा लगता है। कइयों को बुरा लगने के बावजूद अच्छा लगता है। वह तब ज्यादा अच्छा लगता है, जब बिन्दास के लिखे में वे अपने शत्रु की छवि पर कटाक्ष पाते हैं, हिन्दी में लेखक के मित्र कम, शत्रु ज्यादा

होते हैं।

सिद्धान्तिकी की नज़र से देखें तो बिन्दासभाव सीधे 'स–श्रद्ध मसाजभाव' के विपरीत जाता है। 'समाज' शब्द से ही 'मसाज' बनता है। बस 'स' की जगह 'म' लगाने की देर है। समाज शब्द के विखण्डित पाठन की देर है कि क्रम बदलते ही समाज मसाजमय दिखाई देता है। बिन्दास गद्य में 'मसाज' नहीं होता, हिन्दी साहित्य 'मेसेज' युग में है। हिन्दी साहित्य में 'मेसेज' एक जरूरी तत्व है। 'मेसेज' शब्द को पाठ क्रीड़ा से 'मसाज' की तरह पढ़ा जा सकता है। हिन्दी साहित्य 'चंपी-चापलूसी-चमचागीरी-चंटई-चोरी' यानी अखिल 'चकार' युग में चल रहा है। आप चाहें तो मसाजवाद को चकारवाद कह लें।

साहित्य में इस कारगर चकार में बिन्दासपन लेवलिंग का काम करता है। इस बिन्दास जनतन्त्र में कोई ऊँचा-नीचा ही नहीं, क्योंकि ऊँचे को बिन्दास मानता नहीं। नीचे को जानता नहीं, अपनी ऊँचाई की तानता नहीं। हिन्दी का सबसे बड़ा जेनेटिक रोग उसमें सक्रिय 'हाइरार्कलित' पूजा भाव है। यही उसका वातावरण है। अन्तरंग अन्तर्वृत्ति है। विचारधारा है। हिन्दी में गाम्भीर्य एक जेनेटिक रोग है। बिन्दास का जनतन्त्र इसे ही पढ़ने की कोशिश है।

गीता में अर्जुन को कृष्ण फ्री में उपलब्ध थे।

बिन्दास को टीवी के महाभारत के कृष्ण कई बरस पहले दिखे थे। अर्जुन को जब नाटकीय मोह हो गया और गांडीव ऐन लड़ाई के मैदान में कन्धे से उतार कर रख दिया तो कृष्ण को उनका मोह दूर करना पड़ा। कहा कि सब नश्वर है। तू नश्वर से मोह करता है। कोई नातेदार रिश्तेदार नहीं है। कोई नहीं मरता। सिर्फ शरीर मरता है। और जो भी मरेगा वह मैं ही होऊँगा। कलजुग में अर्जुन होने का आइडिया ही खोटा है। यह बिन्दास बन्दा तो 'अरिजुट' है। नित्य एक 'अरि' जुटाता है। मनुष्य की तरह साहित्य न इसका होता है, न उसका। साहित्य साहित्य का भी सगा नहीं होता। पता नहीं वह क्या होता है, मगर जब इतना होता है तो कुछ तो होता ही होगा। इस विराट कन्फूजन से पैदा होने वाले मोह के कारण जब आप अपने कम्प्यूटर को ऑफ करने लगते हैं, तो कान में कृष्ण कहते हैं : हे अरिजुट किसी से मोह न कर। लगा दे!

हिन्दी को विकास मिला नहीं। जो मिला, वह विकासहीनता का 'ईगो' मिला। अहंकार मिला। अहंकार मोह का जुड़वा है। मोह क्रोध का, क्रोध होने से बुद्धिनाश होता है। बुद्धिनाश से प्राणों पर आ बनती है।

बिन्दास नहीं चाहता कि हिन्दी के प्राणों पर बने!

6 अप्रैल, 2008

कलम-कटोरा और साहित्य

अपने ब्रजमण्डल में शादी पर 'खाण्ड कटोरे' की रस्म बड़ी 'क्रूशल' और 'कतली' होती है। सारी शादी पर भारी होती है। इसे 'कुँवर कलेउ' भी कहा जाता है। कुँवर कलेउ यानी लड़की वाले के यहाँ वर का कलेवा करना। यही सारी माँग-जाँच का मौका होता है। वर अक्सर रूठ जाता है और चार्टर ऑफ डिमाण्ड लम्बी करता जाता है—मुझे मोटरसाइकिल दो उस ब्राण्ड की मुझे कार चाहिए—होंडा सिविक। मुझे तो गुड़गाँव की उस मॉल में एक मीटर का दो करोड़ की कीमत का शोरूम चाहिए। नहीं तो ग्रेटर नोएडा में पाँच करोड़ का मकान दो। नहीं तो...लड़की वाले की जान निकलने को होती है। माँग तो ऐसे रहा है जैसे बाप का हो, लेकिन क्या करूँ लड़की वाले ठहरे? बाप पगड़ी को हटा सिर खुजा मन-ही-मन झींकता रहता है। यहीं शादी के सारे इतिहास, भूगोल, भविष्य सब तय हो जाते हैं।

हर शादी में खांड कटोरा वर को कंपल्सिव याचक बनाता है। माँगना हक बन जाता है। परम्परा है। माँग को पूरी करना लड़की वाले की ड्यूटी होती है। नहीं तो ये शादी नहीं हो सकती! इसका सीधा असर हिन्दी साहित्यकार पर पड़ा है। साहित्य में इस तरह के असर पड़ते रहते हैं जिन्हें हिन्दी आलोचना न देख पाती है, न समझ पाती है। कारण—हिन्दी वाले सब 'खांड कटोरे' वाले होते हैं। सब लोग आपूर्ति के इस खांड कटोरे में परम्परागत ढंग से दक्ष होते हैं। स्वभाव बन जाने के कारण यह सब साहित्य में दिखाई नहीं पड़ता। मगर इसका असर हिन्दी साहित्य पर बहुत गहरा हुआ है। असर देखना हो तो 'खांड कटोरे' मुहावरे की जगह 'कलम कटोरे' कहा जाना चाहिए। इससे कलम में 'खांड' का स्वाद रहेगा और कटोरा तो कटोरा है ही। जिस तरह शादी के खांड और कटोरे का, दहेज की माँग का और मजबूर सप्लाई का अनन्य सम्बन्ध है उसी तरह कलम-कटोरे का।

दूल्हा को खांड-कटोरा कह सकते हैं, लेखक हो तो कलम-कटोरा। वर को जवानी में खुद कटोरा नसीब होता है। हिन्दी लेखक अक्सर और पिछले दिनों से बढ़े नये चलन के अनुसार बुढ़ापे में कलम कटोरा हाथ में लेकर सीन देने लगता है। उधर लड़की का पिता होता है इधर सबकी मातुपिता सरकार होती है। लड़की के बाप से माँगोगे तो दहेज प्रताड़ना में अन्दर होने का खतरा होता है। सरकार से

माँगोगे तो मीडिया कवरेज फोकट में मिलता है। अब तो ऐसी खबर भी है कि हिन्दी के अब तक जीवित सारे सत्तर-अस्सी पार के बन्दे कटोरे के नाना उपयोगों की प्राविधियों पर गहनतम विचार-विमर्श करने लगे हैं। अब वक्त आ गया है। साथी जब कबीर का लुकाठा छोड़, कलम-कटोरा हाथ में लिया जाए...

कलम-कटोरे का बड़ा ही अनन्य सम्बन्ध है। कलम कटोरे के बिना नहीं होती। कटोरा कलम वालों के पास ही दिखता है या उनके पास जिन्हें कलम नसीब नहीं हुई। सब कलम चलाने वालों ने सब असली गरीबी की लाइन वाला कटोरा चलाने वालों से यही सीख ली कि कटोरा सबके काम की चीज है। 'कटोरे में गुन बहुत हैं सदा राखिए संग'।

अगर किसी के पास कलम देखें तो समझना कटोरा झोले में है और कटोरा ही दिखे तो उसकी कलम के पास न जाना। कलम माँ सरस्वती है। कटोरा लक्ष्मी जी का प्रतीक है। दोनों में 'अनन्यता' बखानी गयी है। सरस्वती के वरद पुत्र को कलम मिली है, कटोरा नहीं। लेकिन इस उत्तर आधुनिक जुगाडू 'खांड कटोर-चटोर' युग में कलम से लेखक ने कटोरा बना डाला है। खांड कटोरे के असर के बारे में इससे ज्यादा क्या कहा जाए?

वक्त आ गया है कि निराला के उस वीणावादिनी वाले गीत को थोड़ा संशोधित कर लिया जाए। कलम कटोरे के इस महामिलन की घड़ी में इस गीत को थोड़ा बदल देना चाहिए। युग के अनुकूल कर लेना चाहिए। मसलन नया स्थायी होना चाहिए 'वीणावादिनी डॉलर दे'। कटोरे के काम कलम से ज्यादा हैं। कलम दिल की बात कह सकती है, कटोरा सीधे पेट की बात कहता है। दिल तो छलटंदी होता है। पेट नहीं होता। वीणावादिनी से डॉलर माँगने वाले स्थायी में आगे और कई शब्द जोड़ने की जरूरत है। जैसे आगे के स्थायी में आना चाहिए 'वीणावादिनी ज्वर दे'। वीणावादिनी 'पृथ्वीराज रोड पर घर दे'। 'मॉल रोड पर मॉल दें।' अब जरा स्वर की जगह डॉलर और ज्वर का महत्व समझा जा सकता। डॉलर होगा तो बुढ़ापा ठीक कटेगा। सारे वरदपुत्र तर जाएँगे तो हे वीवाणादिनी यह सब कर दे फ्री, माल से घर भर दे। एक वरदपुत्र वरदपुत्र के वरदपुत्र को तर कर दे।

ऐसा संशोधित गीत गाने से माँ सरस्वती की कृपा अवश्य होती है, होने लगी है। होती रहेगी। सारे टायर्ड और रिटायर्ड अभी से एक कटोरा तैयार रखें। अपुन का तो पहले से ही तैयार है।

18 मई, 2008

गुलाम होना माँगता

यह इस लेखक की पतन की हद है और बेशर्मी की तो बेहद है कि इस बार लिखकर कह रहा है कि यह लेखक गुलाम होना माँगता। गुलामी का मार्केट है। गुलामी के दाम हैं। गुलाम के अपने काम हैं। इतिहास में या तो 'हैव्स' हैं या 'हैव नॉट्स' हैं। मार्क्स बाबा ने बताया है हिन्दी 'हैव्स' की भाषा नहीं है 'हैव नॉट्स' की भाषा है, जिसके पास होता है वह पुजता है जिसके पास नहीं होता, वह जलता-कुढ़ता रहता है। मार्क्स ने यह बताया है कि हम सब 'पतित बुर्जुआजी' हैं। बड़ा पेट और छोटी पेटी वाले 'पेटी बुर्जुआजी' हैं यानी 'तुच्छ टकियल बाजारी व्यापारी' हैं।

यह तुच्छ बाजारी 'वंचित' है। वह बिग बुर्जुआजी 'संचित सिंचित' की ओर ताकता है। वंचित-संचित की गहरी डाइलेसिस छाप 'डाइलेक्टिक्स' है। दोनों का एक दूसरे के बिना काम नहीं चलता।

संचय वाला स्वामी है। वंचित ने आत्मवंचित हो उसे संचित बनाया है। अगर वंचित न रहे तो संचय का मजा ही न रहे। नर्क न रहे तो स्वर्ग का आइडिया ही पिट जाता है।

गरीब मुल्क न होंगे तो बिगेस्ट बुर्जुआजी अमेरिकाजी का क्या होगा? अगर अमेरिका न होगा तो हम गरीबों का क्या होगा?' 'अमेरिका के नामोच्चार में ही अमीरी की ध्वनि है। 'अमीरी-का' है इसलिए 'अमेरिका' है। डाइलेक्टिक्स में गरीब को रहने के लिए एक गरीब मुल्क और गुलाम बनने और गाली देने के लिए एक अमेरिका चाहिए। अमेरिका का गुलाम बनने का आइडिया यों ही नहीं आ गया। यह लेखक के आत्मसंघर्ष एवं बाह्यसंघर्ष से गुजरा है।

न न्यूक्लीयर की क्लीयरेंस का डमरू बजता, न यह लेखक पतन के लिए इस बेशर्मी से कहता। बार-बार इस कपटी, कुचाली, वंचित मन ने चाहा है कि कहे कि अब वक्त आ गया है कि थोड़ा-सा गुलाम हो जाए। दाम भी अच्छे उठेंगे, लेकिन खरीदार है कि सरउ अमरीका है और उसे अपने जैसे नामालूम कृमि-कीट-पतंग नहीं चाहिए। हिन्दी साहित्य में जब से आँख खुली है तब से अमेरिका को गाली खाते पाया है। इस लेखक ने भी पता नहीं कितनी बार साम्राज्यवाद, अमेरिका, पश्चिम को गरियाया है, लेकिन जितना गरियाया गया है, उतना ही वह प्यारा और ताकतवर

होता गया है। उसकी कूलनैस पर अपना दिल-दिमाग फिदा हो गया है। अपनी गाली का उसके हुए बिन नहीं चल सकता, इसलिए चोर मन कहता रहता है कि अगर अमेरिका सचमुच कभी नहीं रहा, सारे अमेरिका को किसी बिन लादेन ने उड़ा दिया तो गाली किसे देंगे? इसीलिए मन करता है कि गुलामी की अप्लीकेशन दे डालूँ। इस मामले में तुलसी बाबा बड़े काम आ रहे हैं। गुलाम का समाजशास्त्र और मनोविज्ञान सबसे पहले उन्होंने लिखा।

इसी से आइडिया आया कि हो जाए जरा गुलामी का नारा! अरे तुलसी जितनी राम की कृपा न मिलेगी, लेकिन इस कलजुग में अमरीकी छानन, फटकन भी मिल गयी तो पीढ़ियाँ तर जाएँगी।

असल बात टाइमिंग की है। टाइम है गुलामी की अनमोल विद्या। इस कदर आस-पास बिखरी पड़ी है, लेकिन हिन्दी का हर बुद्धजीवी खुद को गुलाम कहने से कतरा रहा है, जिस तरह इन दिनों 'दाग अच्छे हैं' उसी तरह गुलामी भी अच्छा शब्द है। गुलाम के मजे हैं। एक की शरण गहकर फिर किसी की परवाह नहीं करनी। मालिक जो कहे वही ठीक। जो करे वही सेवा। मालिक की हाजिरी, असली चाकरी। तुलसी बाबा ने जब अपनी क्रान्ति का गीत गाया होगा कि ये 'राम कौ गुलाम' हैं तो उस वक्त जरूर उन्हें बहुत कुछ झेलना पड़ा होगा। यह कलमबेचू लेखक कहे कि वह अमेरिका का गुलाम होना चाहता है तो इसका इतना सौभाग्य भी नहीं दिखता कि कोई इसे धिक्कारे भी! अपना मन आजादी से ऊब गया है। साठ साल हो गये आजादी ही आजादी रही है। मिडनाइट के बाल-बच्चे हम जैसे तमाम लेखक-लिक्खाड़ों ने आजादी में ही आँखें खोली हैं। प्राइमरी पढ़ी है, पट्टी बुद्दका लेकर पाठशाला में गये हैं। फिर इधर-उधर करते हुए भाग्यवश ठीक-ठिकाने की नौकरी पा गये हैं। आजादी एक ऐश की तरह मौजूद है 'परम स्वतन्त्र, न सिर पे कोउ' का सीन है। सरकार आजाद है, पीएम आजाद है, विपक्ष आजाद है, महँगाई आजाद है, साहित्यकार आजाद हैं, शब्द आजाद है, अर्थ आजाद है, काम आजाद है और मोक्ष वह तो प्रसाद है। सारे पुरुषार्थ हैं लेकिन अन्तिम और अनिवार्य पुरुषार्थ नहीं है, गुलामी का पुरुषार्थ! इसीलिए यह लेखक इन दिनों मनमोहनजी का पक्ष लेना चाहता है। तुलसी का असली मर्म वे ही पहचानते हैं। जब चीन ने 'गुलामी का समाजशास्त्र' पढ़ लिया है तो भैया हम पीछे क्यों रहें? इन दिनों तो अमेरिका के कमिटेड कामरेड निंदक भी उसकी पूँजी को अपने घर में आने का सादर बुलौआ दे रहे हैं, तब यह कलमघसीट क्यों न ऐलान करे कि 'गुलाम होना माँगता'।

13 जुलाई, 2008

अथ चाहिए चाहिए

इन दिनों हिन्दी में सबसे बड़ा नारा 'चाहिए चाहिए' है। जिसे देखो 'चाहिए ही चाहिए' करता है। रचना में 'चाहिए चाहिए' लिखता रहता है। पढ़ने में 'चाहिए चाहिए' पढ़ता है। हमारा एक राष्ट्रगान भले हो हमारे दिल के सदाबहार महागीत का स्थाई और अन्तरा सब कुछ 'चाहिए चाहिए' है। 'चाहिएगान' भी कह सकते हैं विचारधाराओं से परे यह हिन्दी साहित्य की सामान्य मनोदशा है। इस 'चाहिए चाहिए' राग का भरापूरा मनोविज्ञान है समाजशास्त्र है और अर्थशास्त्र भी है। यह सहजात है। अनहद की भी अवस्था है। सर्वत्र 'सबद निरन्तर' बजता रहता है।

'चाहिए चाहिए' वो ज्यादा करता है, जिसके पास पहले से ही बहुत कुछ है लेकिन और-और बहुत कुछ यानी सब कुछ चाहिए होता है जिसे तोष नहीं है। 'चाहिए' के पीछे तोष और तुच्छ तृषा की क्रीड़ा काम करती है। पीछे 'सुपर स्पर्धा' का भाव खड़ा रहता है। स्पर्धा में तोष कभी नहीं होता।

यह निम्न पूँजीवादी मानसिकता है। इस युग में यही जीवन का स्थायी भाव है। इसी का 'रस परिपाक' होता है। न होने पर 'चाहिए-चाहिए' का चीत्कार होता है। यह राजनीति, साहित्य और जीव का संचालक है।

'चाहिए चाहिए' निकम्मों का अनन्तिम रस है। सौन्दर्यशास्त्र है। नेता बोलता है कि गाँधी के आदर्शों पर चलना चाहिए। उसे किसी ने नहीं रोका कि न चले। लेकिन चलने के लिए कहेगा वह दूसरों से।

सत्तर-अस्सी साल के पेट वाले सब इन दिनों इसी तरह से चाहिए चाहिए करते दिखते हैं। इसका ऐतहासिक सीजन भी है, हिन्दी में कई आधुनिक साहित्यकार सौ साल पहले हो गये हैं। उनकी जन्मशतियाँ एक के बाद पड़ती रहती हैं और आगे पड़ती रहनी हैं। उनके सपोर्ट ग्रुप, जाति में समूहों में बनने लगते हैं। उनमें 'कांस्टीट्वंसी' बनाई जाने लगती है, यह हिन्दी का नया समाजशास्त्र है। साहित्य एक तरह का वोट बैंक होने वाला है।

एक-एक साल में दो-दो, तीन-तीन की शतियाँ पड़ने लगी है। कहीं बच्चन-बच्चन होता है,कहीं दिनकर-दिनकर होता है, कहीं महादेवी होता रहता है, कहीं निराला होकर चुकता है तो प्रसादजी सीट लेने लगते हैं। सीनियर्स के सवा सौ साल भी बनाए जाते हैं। ऐतिहासिक जिम्मेदारी पूरी करने का अनम्र गर्वदिपता मानो कह रहे हों कि हम भी अहसान कर दिए हैं। इससे पहले कभी उस बिचारे 'अचानक ढूँढे

बनाये जा रहे महान' को किसी ने दमड़ी का नहीं पूछा होता। ऐसे 'ऐतिहासिक' मौकों पर अनेक जन याद दिलाते हैं कि फलाँ के संग न्याय नहीं हुआ। उनके प्रति न्याय किया जाना चाहिए। उन्हें इतिहास में सही स्थान दिया जाना चाहिए। नये लोग सुनकर चकित-हसित होते रहते हैं कि ये ही तो लोग थे जो 'स्थान' दे सकते थे, 'न्याय' कर सकते थे! अब ये कह किससे रहे हैं कि 'न्याय दिया जाना चाहिए'? स्थान किया जाना चाहिए'? जो इतना 'चाहिए चाहिए' करता है उसे तो पहले 'करना चाहिए' था। अपना एजेंडा आप सँभालिए भाई जी! अब अचानक आपको लगा कि इनके साथ अन्याय हुआ जब कि आप ही अन्यायी रहे जी!

अपने 'अपराध' को बाँटें नहीं महाराज! यहाँ कोई लेने वाला नहीं है। नयी पीढ़ी को अपने 'चाहिए' के अलावा किसी के लिए फुर्सत नहीं हैं। किससे कहते हैं आप कि ये चाहिए वो चाहिए! इस 'चाहिए चाहिए' में एक आदर्श का अतीत राग है और एक अबूझ झाँई-झप्पा है। इसमें अबूझ 'माँग और आपूर्ति' सी काम करती है। भीख माँगने का-सा भाव है। संग में बुजुर्गियत का छल भी है। इसमें ज्ञान की सामंतीय समय की 'अनुक्रमता' है। इसमें एक आदेशात्मकता है। प्रोग्रामिंग है जो मुक्त सोच-विचार के विरोध में है।

'चाहिए राग' एक पहेली बनाता है, उसी में रहता है। हर बात जो 'चाहिए' होती है, महान लक्ष्य लगने लगती है। हर आदमी चूँकि सबसे महान बात कहने का आदी है, इसलिए वह ऐसी दुगुना-तिगुना तानता है कि उसे कोई छू न सके। इस चाहिएवादी राजनीति का असर साहित्य पर बुरी तरह पड़ा है। साहित्य में हर बन्दा हर दूसरे से कहता रहता है कि ये करना चाहिए, वो करना चाहिए, हिन्दी में है तो अन्य भाषाओं में भी ये रोग होगा।

एक दूसरे से 'खो खो' का यह खेल 'चाहिए चाहिए' का अपना रस है। अन्त में सब एक दूसरे को 'खो' देते रहते हैं और सब 'खो' जाते हैं। 'चाहिए चाहिए' साहित्य में 'खोखोवाद' है। हर आदमी एक-दूसरे को 'खो' देकर मगन रहता है। यही ऐतिहासिक काम है।

यह हिन्दी साहित्य के अवचेतन का राग है। सबद निरन्तर है। जादू है। लगता भविष्यवादी है। होता भूतवादी है। भूत का भविष्य नहीं हो। 'चाहिए चाहिए' की लत भूत को भविष्य बनाने पर जोर देती है। 'चाहिए चाहिए' का भूत भविष्य को भूत के जादू में बाँधता है।

'चाहिए चाहिए' अभाव का छल है। जो करना था, जो नहीं किया, चाहिए आगे और न करने का लाइसेंस है। साहित्य में यही और न करने देने की व्यवस्था है। जनता का 'चाहिए' जरूरत से जुड़ा है। उपदेशक का, ज्ञानी का 'चाहिए' बुद्धि-ब्रह्मराक्षस का छल है।

अथ चाहिए चाहिए!
इति पाइए पाइए!

5 सितम्बर, 2008

भैया और भैया जी

अपने प्यारे महाराष्ट्र में नित्य अपमानित और मार खाते भैया! तेरी हालत देख बिंदास बाबू से तो अब रहा नहीं जाता। बहुत हुआ। बहुत सहन कर लिया। हिन्दी के लिए, हिन्दी वालों के लिए अब तो बोलना ही होगा। सब चुप हैं इसलिए बोलेगा। सबसे पहले हिन्दी के बुद्धिजीवी भैयों से बोलेगा। जरा देखो तो हिन्दी वाले पिट रहे हैं। हिन्दी वाले चतुर चुप्पी साधे हैं। यह हिन्दी साहित्यकार की, हिन्दी चिन्तक की शाश्वत अदा है।

हिन्दी के बुद्धि लाल 'चुपाय मारो दुल्हिन मारा जाई कौआ' वाली कहावत पर चलते हैं। अवसर पड़ते ही 'मैं चुप रहूँगी' नामक पुरानी पिक्चर की कहानी की नायिका बन जाते हैं। कहानी की नायिका दमित रहती है। सब सहती रहती है। आखिर तक चुप रहती है। आदर्श बहू है। आदर्श नारी हैः 'जिस घर में उसकी डोली आती है, उससे उसकी अर्थी ही जाती है।' उसे परम्परा मालूम है। सब सहना है। विरोध नहीं करना है।

उन्हें हिन्दी सर्वत्र नित्य गोष्ठी, नित्य माला, दुशाला, प्याला दिखता है। वह जहाँ चरण रखते हैं, वहाँ साहित्य की त्रिवेणी बहने लगती है। उनके पग-पग में साहित्य का प्रयाग होता रहता है। वह जहाँ जाते हैं, वहाँ एक सौ एक बार बाजार और अमेरिका को और बचे-खुचे समय में अंग्रेजी को कोसकर अपनी दिहाड़ी वसूलते हैं।

भैया पिटता रहता है। पिटे। हमने थोड़े कही थी कि वहाँ जाओ! बुद्धि लाल सोचते हैं : भैया के पास है क्या? उसकी हैसियत क्या है? ये तो किसी कविता या कहानी का चरित्र तक बनने लायक नहीं। एक इनाम तक नहीं दे सकता। एक गोष्ठी तक नहीं कराता। गरीब है। तो क्या करें? काम के लिए वहाँ क्यों जाता है। कृषि युग में सतयुग में क्यों नहीं रमता? पिटेगा ही। पाँच हजार साल पुरानी आदर्श संस्कृति में नहीं रमता। पूँजीवादी शहर की ओर भागता है। खेती नहीं करता। यह सब केपीटलिज्म का असर है।

उधर भैया की पिटाई रोज होती रहती है। टीवी पर वह एक खबर की तरह कुछ देर पिटता है। अखबार में एक लाइन बनकर पिटता है। हिन्दी के बुद्धि लाल को बाजार दिखता है। अमेरिका दिखता है। लेकिन इस बुद्धि लाल को अपना वह गाल

नहीं महसूस होता, जिस पर अभी-अभी किसी ने मुम्बई में तमाचा मारा है।

यह हिन्दी के लेखक की अति सम्वेदनशीलता नहीं तो और क्या है कि भैयों को नित्य पिटता-कुटता देखता है और अपने रंग मंगल में मगन रहता है। हिन्दी का लेखक नया वाजिद अली शाह है। वाजिद अली शाह तब भी रिआया के लिए थोड़ी देर मजबूरी में रो सकता था। इधर के वाजिद अली शाहों के दर्द का विभाग बंद है।

हिन्दी के बुद्धि लालों से इससे ज्यादा कुछ नहीं कहना। अब जो कहना है राज ठाकरे जी आपसे कहना है! आप भी हमारे भैया जी हो। बिरादर जी हो! भाई जी हो। तब आपसे जरा दिल की बात कर लें :

सच कहें। हमें तो 'राहुल राज' की बदले टपोरी की भाषा भाई नहीं। आपको सीरियसली ले गया। आपके 'राज' से अपने 'राज को टकरा बैठा। बेवकूफ आपसे बदला लेने पहुँच गया। गलत किया। निन्दनीय कृत्य किया। आपकी पुलिस क्या उसकी पूजा करती?

लेकिन भैया राज जी! क्या इस निन्दनीय घटना के बाद, एक अदद क्रोधोन्मादित 'भैये' के विक्षुब्ध स्वर के कानों से कभी सुना है? सोचा है कि क्यों राहुल राज नामक उस बिहारी छोकरे का भेजा फिर गया? क्यों वह बेवकूफ पिस्तौल तानकर चल दिया आपसे बदला लेने? आपको सोचने की आदत नहीं, लेकिन हम तो आपको अपना 'भैया' माने हैं, सो आपके लिए, आपके हित के लिए सोचने को मजबूर हैं।

सोचिए भैया जी! किसी दिन पचास करोड़ हिन्दी भैयों का भेजा फिर गया तो क्या सीन बनेगा?

सीन ये होगा कि महाराष्ट्र को सबसे ज्यादा रोजगार और कमाई देने वाला प्यारा बॉलीवुड उजड़ जाएगा। वहाँ से हट जाएगा। हिन्दी 'टेरीटरी' फिल्मों के बिजनेस के लिए ही सबसे बड़ी और बड़ी कमाई देने वाली टेरीटरी है। यही मराठी मानुस और हिन्दी भैयों की 'परस्परता' है।

आपकी नित्य पिटाई-प्रेरणा से प्रतिप्रेरित होकर सारे हिन्दी भैयों का भेजा फिर गया और उन्होंने बॉलीवुड का बॉयकाट कर दिया, कोई पिक्चर देखने न आया तो महाराष्ट्र का क्या होगा? इंडस्ट्री ठप हो जाएगी। बचे-खुचे भी 'मराठी मानूस' सड़क पर आ जाएँगे। तब आप और आपके 'भैया' उद्धव कहते ही रह जाएँगे कि मुम्बई मेरे बाप की! सो भैया जी यह पंगा रिस्की है।

आप कार्टूनकार हैं। आप कलाकार हैं। कलामर्मज्ञ होंगे तो समझ सकते हैं कि ये हिन्दी वाला भैया आपसे क्या कह रहा है? जान लें कार्टूनकार ही कार्टून नहीं बनाते। जनता भी बनाया करती है। और जब जनता बनाती है न तो फिर असल 'कार्टून' बनाती है।

2 नवम्बर, 2008

माचिस-मोमबत्ती की साजिश

'दीप प्रज्ज्वलन के लिए अब माननीय अतिथि समेत मंच पर बैठे गोष्ठी के सभी वरिष्ठ विद्वान माँ सरस्वती के समक्ष पधारें।' माननीय अतिथि परमानेंट से अध्यक्ष के साथ किसी फोहशिया चुटकुले का आनन्द लेने में मशगूल थे। संयोजिका की कुसमय घोषणा से सावधान हो गए। उनके मजाक में एकाग्रचित्त हुए गर्दन उनकी ओर ढहनाए अध्यक्ष जी भी कहानी के क्लाइमेक्स से ऐन पहले के रसभंग की घोर निराशा का भाव चेहरे पर लादे उठ खड़े हुए। आजू-बाजू दो प्रमुख बना डाले गये वक्ता बेमन से उठ खड़े हुए।

मंच के किनारे पीतल का दीपदान रखा था। उस पर सरस्वती की तस्वीर थी। सरस्वती अपनी मीथकीय वीणा को सदियों से उसी अन्दाज में उठाए बिना थके एक स्टिल मुस्कान दे रही थीं। उनके नीचे माँ के वरद पुत्रों के कवि-सत्यों से निकल पड़ा क्लासिकल हंस था, जो सरस्वती माता, उनकी वीणा-पुस्तकों के भारी बोझ के बावजूद प्रसन्न लग रहा था।

दीपदान में सात दीप बने थे। उनमें तेल डाला गया था और रुई की बत्तियाँ लगाई गयी थीं, जो प्रार्थना-सी कर रही थीं कि अब हमें जलाओ। माहौल में वे ही साहित्य के लिए समर्पित थीं। जलने की आसन्न पीड़ा को महसूस करने के एडवांस में ही उनकी जीभ निकल पड़ी थी। अतिथि जी को अब एक मोमबत्ती दे दी गयी थी और एक छात्रा उसे जलाने को बेताब थी। माचिस हमेशा के मुताबिक जलने से पहले डिफिकल्ट होने लगी थी। उसे प्रिंसिपल का ऐसे मौके पर झुंझलाना पसन्द था। उसे जलाने वालों को परेशान करना अच्छा लगता था।

अतिथि महोदय इस मामले में सुपरफास्ट ट्रेक से काम करने की अपनी दक्षता दिखाने को उतावले थे। लेकिन माचिस बार-बार रगड़ खाकर भी जलने से इनकार कर रही थी। पाँच रुपये वाली मोमबत्ती अपने मुँह को जलाने से पहले के समय में सैडिस्ट-सी हो चली थी। उसने अपना धागा मुँह में ही दबाया था और माचिस की साजिश का आनन्द ले रही थी।

फिर शैतानी करती हुई अचानक माचिस जल उठी। पाँच-सात मिनट की रस्साकशी के बाद अचानक एक तीली जल उठी। मंच और कक्ष में सर्वत्र ऊब से

मुक्ति की एक हिलोर-सी उठी। लेकिन जल उठी तीली के आदान-प्रदान में अतिथि जी की उँगलियों ने उसे पकड़ने में गलती की और एक लपट-सी उनकी तर्जनी को नजदीक से चूम कर बुझ गयी। अतिथि ने उसे झुंझलाकर जल्दी ही फेंका। वह प्रिंसिपल के जूते के ऊपर गिरकर मंच पर फिसलती हुई एक आखिरी चमक देकर बुझ गयी। अतिथि ने अपनी उँगली को देखते हुए उसे मन्दसप्तकी गाली प्रदान की। अध्यक्ष जी ने बनावटी चिन्ता में अपनी ईर्ष्या को मिलाकर कहा : अपने यहाँ माचिसें भी नकली बनती हैं...तब तक आज्ञाकारिणी छात्र ने दूसरी जला डाली थी और उसने स्वयं उसका मुँह मोमबत्ती से लगा दिया।

अब मोमबत्ती और माचिस की तीली के बीच की साहित्यिक बहस थी। माचिस जलते हुए कह रही थी : तू आज मत जलिओ री इस हरामी अतिथि ने अभी मुझे 'बीसी' वाली गाली दी है बहन!

मोमबत्ती ने माचिस की पूरी बात सुन ली थी, वह अब अपने धागे को गरम-गरम मोम के बीच तैराकर चल रही थी। दो, तीन, चार, पाँच माचिस की तीलियाँ उसके मुँह में डूबी बत्ती को गरम करने में बेकार गयीं। देर पर देर हो रही थी। मंच के सभी साहित्यवीरों की पीठ श्रोताओं की ओर थी। साहित्य का पहला ऐतिहासिक रचनात्मक पल महाबोर बन चला था।

एक वक्त वो आया जब माचिस ने मोमबत्ती की हाँ पर उसे जला दिया। अब मोमबत्ती अतिथि के हाथ में थी, उन्हें दीपदान वाली रुई की मोमबत्तियाँ जलानी थीं। उन्होंने कहा कि एक ही जलाएँगे और वे आगे बढ़े। लेकिन यहाँ भी तेल ने रुई की पतली बत्तियों को इतना तर कर रखा था कि वे जलने के लिए तैयार ही नहीं हो रहीं थी। अतिथि जी झुंझलाने लगे थे। उन्हें वहाँ एक ओर उद्घाटन में जाना था। अन्धकार से प्रकाश की ओर ले जाने वाला महान साहित्य एक माचिस, एक मोमबत्ती और तेल और रुई की बत्तियों के आगे हार रहा था। उनको उँगली जलने की घटना में माचिस-मोमबत्ती की साजिश सूँघते देर नहीं लगी।

अतिथि ने अपनी थीम पकड़ ली थी। कहा : प्रिय साहित्यानुरागी छात्र-छात्राओं, शिक्षको! साहित्य पर संकट गहरा रहा है। आज असल खतरा कहाँ से आ रहा है? उन्होंने अपनी जली तर्जनी को आगे लहराते कहा : यह साम्राजी खतरा आपके सामने है। ये माचिस, ये मोमबत्ती, ये रुई सब साम्राजी साजिश हैं। माचिस अमेरिकी प्लास्टिक की। मोमबत्ती का मोम भी। और रुई वो तो बीटीकॉटन की है। बाजार पर कब्जा किया है, ताकि हम इसी तरह से गुलाम बने रहें। देखिए ये जो मेरी उँगली यहीं इसी माचिस से जली है, मैं संकल्प करता हूँ, कि हजार माचिसें-मोमबत्तियाँ साजिश कर लें, इस उँगली को जलाएँ, मगर यह उँगली उद्घाटन करने से न चूकेगी। मोमबत्ती माचिस से बोली : तू ठीक कहती थी बहना साहित्य में इसकी नजर और नीयत ठीक नहीं।

16 अप्रैल, 2008

आखिरी जेंटिलमैन

जिस समय में साहित्यिक ऐब कुटेबों में बदल गये हों और कुँवर जी के हमउम्र तक साहित्य की ठगी और उठाईगीरी में व्यस्त हों उस समय कोई एक आदमी और जो भी हिन्दी में टूट फूट से साबुत बचा रह गया है यह अपने आप में किसी बड़े अचरज से कम नहीं। शायद यह बात अपने भीतर भी कुछ विनम्रता और उदात्तता लाने का रास्ता खोलती है। सम्मानों के मानकों के बारे में ज्यादा कहना देवनिन्दा के समान है। हर सम्मान अपनी 'देने की शर्म' छिपाता है जिसे अक्सर वह सर्वानुमति कहता है। सम्मान देने वाले अपनी कथित सहमतियों में अपनी आफत से पिण्ड छुड़ाते हैं।

हमारे मत में वो इनाम ही क्या जिसे देकर देने वाला गर्व न करे और लेने वाला शर्म न करे। अपने दिल की कोई न कहे इन दिनों तो शर्म करना तक गर्व करने की तरह होता है! यह लेखक जो कुँवरनारायण की कविताओं का 'आलसो' प्रशंसक है। यही कह सकता है कि वह उनकी कविताओं से भी ज्यादा उनके व्यक्तित्व का प्रशंसक है, बिना किसी कारण वे एक भलेमानुस से लगते हैं। यह बुरी बात है, मगर यह लेखक भी आदत से लाचार है।

न उनसे मुलाकात है, न उनके संग सन्ध्या सत्संग है। वे इस लायक भी नहीं कि उनकी भक्ति की जाए। उनका पानी तक नहीं पिया। मुश्किल से दो-तीन नमस्कार भर होंगे अपनी तरफ से जो उनके सामने पड़ने पर संचारित हुए होंगे। उनकी कविताएँ दिल्ली विश्वविद्यालय के इस 'चिरनिंदित' हिन्दी विभाग के पाठ्यक्रम में लगी हैं। पढ़नी-पढ़ानी होती है। वे काम की हैं। वे इम्तहान में आती हैं। सवाल बनती हैं, जवाब दिये जाते हैं। बस इतना ही परिचय है उनसे। कुँवर नारायण को सम्मान दिया जाना यहीं बुरा लगता है। भाई जी इतना भी साफ-सुथरा नहीं होना चाहिए। सन्देह होता है। नजरौटा लगा लें कुँवर जी!

यहीं से सम्मान का अपना अच्छा-बुरा-सा अर्थ बनता है।

यह सम्मान जब एक आखिरी भलेमानुस, हिन्दी के आखिरी जेंटिलमैन कुँवर नारायण को दे ही दिया गया है तो इस नीच की एक अति कमीनी इच्छा यह हो रही है कि आगे के तमाम सम्मानों के लिए एक फंसट लगाए। भलमानुस या मानुसी होने की फंसट!

आगे के सम्मानों में रचना के साथ साहित्यकार का भलमानुस मूल्यांकन भी होना चाहिए।

सब साहित्यकार नित्य मानते हैं कि समय पतनशील है, साहित्य ही अकेला ऐसा इलाका है जहाँ साहित्यकार कुछ मानवता, कुछ मानवीय मूल्य बचाए रखता है। जब साहित्यकार इतना भला काम करता है तो जरूर वह भले मानुसों का काम होगा। क्यों न उसके व्यक्तित्व का मूल्यांकन भी होने लगे।

आगे के सम्मानों में साहित्यकार का बायोडाटा रहे। उससे यह माँगा जाए कि उसकी आय कितनी है और टैक्स देता है तो कितना? कितनी पत्नियाँ हैं? कितने लावारिस या वारिस बालक हैं, कहाँ, क्या करते हैं, उन्हें तो कोई शिकायत नहीं हैं और पड़ोसी को तो आपसे कोई शिकायत नहीं है। आप वोट देते हैं या पप्पू हैं? आप लालची हैं या त्यागी हैं? आपने तिकड़म कब और किस श्रेणी की की है और क्यों की है? आत्मकथा में कितना झूठ मारा है? लिखने के पहले या बाद में आपको कभी पश्चाताप होता है? आप आस्तिक हैं या नास्तिक?

इस तरह की एक प्रश्नावली होनी चाहिए जिसे एक लेखक खुद भरे और उसमें शपथ ले कि जो कह रहा है, वही कह रहा है गलत पाये जाने पर उसे कमेटी से और इनाम बाहर माना जाए। या उसके इनाम राशि में से कुछ काट लिया जाए। छोटी बेईमानी करने वाले को अगले इनामों के लिए दो-चार साल के लिए बाहर कर दिया जाना चाहिए जो साहित्य के दस नम्बरी हैं उन्हें कमेटियों तक में नहीं आने देना चाहिए। साहित्य के इस जनताप्रिय युग में कमेटियों में ट्रेडयूनियनों के लोग, किसान सभाओं के लोग रहें। साहित्यिक इच्छाएँ न रखने वाले अध्यापक रहें। अध्यापक जरूर रहें क्योंकि इस दुष्टता भरे समय में सच्चा गुरु ही न्याय कर सकता है। जनता से जुड़ाव का गाना गाने वाले साहित्यकारों को कम-से-कम जनता के लेवल का सम्मान तो करना ही होगा। अगर साहित्य समाज से जुड़ा है तो समाज के सबसे कमजोर तबकों के मानक का सम्मान करना होगा और उन्हें कमेटियों में रखना होगा। देश की जनता नेताओं में एक भी भलामानुस ढूँढते-ढूँढते थक गयी। क्या पता साहित्यकारों के बीच उसे आशा की किरन नजर आए। उसे भलमानुस मिल जाए। साहित्य की जीवनरक्षा के लिए भी ऐसा करना जरूरी है कि कुछ दिन साहित्यकारों में जेंटिलमैन खोजे जाए, भले एक बारगी उनका साहित्य न पढ़ा जाए।

30 नवम्बर, 2008

नये साल की जन्मकुण्डली

अगले साल मन्दी का साहित्य लिखा जाएगा—हिन्दी साहित्य की जन्मकुण्डली कहती है कि यह साल साहित्य पर भारी रहेगा। जब पण्डितजी से पूछा कि साहित्य पर साल के 'भारी' होने के क्या मानी हैं, तो उन्होंने बताया कि जब ऐसा होता है तो जातक तरह-तरह के संकटों में फँसा रहता है, संकट आसानी से कट नहीं पाते। आपको काहे की फिकर प्रोफेसर साहब। आपको कोई साहित्यकार-वाहित्यकार मानता नहीं, प्रत्युत आलोचक, टिप्पणीकार कॉलम-कलमकार और धंधई साहित्यकार मानता है तो ग्रह कह रहे हैं, कि आपका धंधा तो चलते रहना है। असल में उनका रोना है, जो समझते थे कि साहित्य में उनका भी कोई 'कोना' है या जिन्हें अभी कुछ 'होना' है।

हमने पूछा : संक्षेप में बताएँ पंडिज्जी कि मन्दी के इस महीन-महान रिश्ते में अपनी कमाई पर आँच तो नहीं आएगी? कहीं अखबार बन्द तो नहीं हो जाएँगे? कहीं अपना परमप्रिय निन्दारस कम तो नहीं हो जाएगा? कहीं निन्दारस का स्थायी ईर्ष्या भाव विदा तो न हो जाएगा? कहीं प्रकाशक लोग अपनी दुकानें तो बन्द नहीं कर लेंगे। कहीं सरकारी खरीद बन्द तो नहीं हो जाएँगी? कहीं अकादमियों के बजट कम तो नहीं हो जाएँगे? कहीं हमारे चाहने वाले हमें हवाई जहाज की जगह गरीब रथ से तो नहीं टरकाएँगे? कहीं लोगों के साहित्यकार बनने की कामना मर तो नहीं जाएगी? साहित्य में नाम कमाने को आतुर नवाँकुर कहीं साहित्य की सेवा में दारू और मुर्गा सेवन कराना बन्द तो नहीं कर देंगे? कहीं 'लघुता से प्रभुता मिले' का विनम्र दम्भ पाले पत्रिकाएँ 'पहल' की तरह शहीद तो नहीं हो जाएँगी, जिसकी शहादत तक पर लोग सवाल पूछते फिरें?

पंडिज्जी ने पत्रा-पन्ने पलटे। उँगलियों पर हिसाब लगाया। एक उच्चाटन मन्त्र जैसा बुदबुदाया और कहा : देखिए साहित्य के 'चिन्ता सर्ग' में न जाइए। आपके सारे सवाल किसी दुष्ट आशंका से चालित हैं। अपनी दुष्टेच्छा दूर कीजिए। ग्रह कह रहे हैं कि आपका धंधा मन्दा नहीं होगा। बढ़ेगा ही। नयी थैलियाँ खरीद लीजिए। इतना धन बरसने वाला है कि गिन नहीं पाएँगे। और तो और इस साल आपके शत्रु बुरी तरह मुँह की खाने वाले हैं। वे अपने कहे-किए पर बुरी तरह पछताने वाले हैं।

सन् दो हजार नौ की कुण्डली में आया यह आखिरी वाक्य अनमोल था। निन्दकों के पराभव के लिए नित्य उत्कंठित प्राण-इस कामना से आप्लवित होने लगे कि इस अनमोल रचनात्मक क्षण में पंडिज्जी ऐसा 'क्लोजर' न करें टैक्स्ट को और खोलें। निन्दक-नीचक रस को कुछ देर और निष्पन्न करें।

पंडिज्जी साहित्य मर्म से प्ले करना जानते थे। कहने लगे कि देखो इस साल ये ये ये तीन तो निकल लेंगे। हम किसी का अशुभ नहीं चाहते, लेकिन उनके ग्रह ही कहें तो हम क्या करें?

निकलने का क्या मानी? देखो हमसे पूरी बातें न खुलवाओ। अपने आप अर्थाओ। निकलने का मतलब सरकार मन्त्रालय से निकलने, साहित्य से निकलने, कमेटियों से निकासी भी है।

'तब ये क्या करेंगे?'

'अब तक इन्होंने कौन से फर्रे फाड़े थे? पुड़ियाएँ ही तो बेच रहे थे। मन्दी में नकली पुड़ियाएँ नहीं बिकेंगी। असल पुड़िया तो आपके पास है जिजमान!'

लेकिन इससे तो साहित्य का अन्त हो जाएगा? तो क्या करेंगे?

'देखिए आपका साहित्यकार निहायत अन-प्रोडक्टिव है। नकारात्मक भावों को प्रोड्यूस करता रहता है। वो निराशावादी है। वह एक निरन्तर स्यापा है। उसके पास कोई क्या स्यापे के लिए जाए? कुछ भी हो साहित्य स्यापा नहीं है, जीवन का गान है। पंडिज्जी एकदम क्लासीकल आलोचक लगने लगे। उनके बेसिक साफ थे। इसलिए उनकी वाणी साहित्य के आर-पार आने-जाने वाली थी। वे साहित्य का भविष्य देख रहे थे, उसमें यह लेखक अपना भविष्य बीन रहा था। वे जारी थे : देखिए आप प्रोफेसर हैं। साहित्य के पाठक बनाने से लेकर रचनाकार बनाने का इलाका आपका है। साहित्यकार इसी तरह एक शिक्षक होता है। आप की तनखाहें बढ़ने वाली हैं कोई बता रहा था कि अस्सी हजार से एक लाख महीने तक मिलेंगे, सत्तर साल तक पढ़ा सकेंगे। एरीयर लाखों मिलेंगे। सो जिजमान जी मेरी फीस भी जरा बढ़कर ही होगी। मैं यो भी अपनी सुबह खराब नहीं कर रहा हूँ। दो हजार नौ के नये साल में दो हजार नौ रुपये देना नहीं तो मन्त्र उल्टे पढ़ दूँगा। हमने कहा महाराज आप जो कहेंगे सो होगा। वे मुस्कुराए और उवाचे : प्रोफेसर साब अपने कोर्सों को बदलो। बच्चों को ऐसी हिन्दी पढ़ाओ जिससे वह दो पैसे कमाने लायक बनें। उन्हें अनुशासनों का ज्ञान दो। हिन्दी वाला किसी से कम नहीं। उसे कुंजी के कूप से निकालो। जगत का ज्ञान दो। नये शास्त्र बनाओ। ज्ञानार्जन की और शोध की नयी पद्धतियाँ बताओ। नयी कविता, नयी कहानी अकहानी-बकहानी बहुत हो लिए ज़रा उत्तर-आधुनिक बोध लाओ। जरा साहित्य संस्कृति का राजनीतिक अर्थशास्त्र बताओ, समाजशास्त्र बताओ और उसे कम्प्यूटर-कलमकार बनाओ। अपने आप लिखने-पढ़ने

दो उसके दिमाग को, आजाद होने दो। उसे कुछ सोचने दो। वही तो भविष्य है, साहित्य का! वही मन्दी से निपटेगा। साहित्य की चिर निठल्ली मन्दी में कर्म की ऊर्जा भरेगा। अच्छा अनुवादक होगा, अच्छा प्रोफेसर, मीडिया लेखक, कवि, गीतकार पटकथाकार होगा। अच्छा पत्रकार होगा। पराभूत हो हमने पूछा : महाराज! ऐसा अद्यतन साहित्य ज्ञान कहाँ छुपा कर रखा था? साहित्य का असल मर्म कैसे जानते हैं?

बोले : बेवकूफ साहित्यकार बनने की गलतफहमी में मैंने कभी हिन्दी में एमए किया था। आज तक पछता रहा हूँ और इस मन्दिर में बैठा पोथी बाँच रहा हूँ। इसीलिए कह रहा हूँ! आगे बढ़। बदल और बदल!

28 दिसम्बर, 2008

एक फूल की चाहत

मन्दी के इस दौर में एक साहित्यकार का किस्सा याद आता है। उसे समकालीन मन्दी के खिलाफ एक आन्दोलनकारी पाठ की तरह पढ़ा जा सकता है! कुछ पुराने जमाने की बात है। एक साहित्यकार को कुछ सम्मान मिला। पच्चीस हजार की रकम रही। साहित्यकार ने उस रकम से पाँच भैंसें खरीदीं। अच्छी नस्ल की। बियाने के बाद महीनों तक दस-पन्द्रह लीटर दूध दे सकने वाली भैंसों ने खूब दूध दिया। एक भैंस दस लीटर औसत दूध देती रही। तीन महीने तक देती रही। साहित्यकार प्रकृति प्रेमी थे। नित्य ट्यूब्वैल से पानी निकाल कर भैंसों को अपने हाथ से नहलाते। बातें करते, जगत की बातें बताया करते। साहित्यकार शिष्य-वत्सल थे। एक शिष्य अपनी श्रद्धा के कारण उन भैंसों की तारीफ करता पाया गया। उसी को उनकी सेवा में नियुक्त कर लिया। वह भैंस सेवा को साहित्यसेवा मानता था और इस आइडिया पर डीलिट् तक लिख सकता था।

वायदे के मुताबिक समय आने पर हरेक भैंस ने एक-एक कटड़ा डाला और दस लीटर औसत से दूध देने लगीं। पाँच भैसों ने तीन महीने तक यही औसत दिया। प्रति भैंस नौ सौ लीटर दूध हुआ। पाँच ने कुल चार हजार पाँच सौ लीटर दूध दिया। खालिस दूध। साहित्यकार की साहित्यिक ईमानदारी मिथ बन कर आस-पास फैलने लगी। सौ नवाँकुर साहित्यकार और साहित्य के हाशिये पर नित्य विहार करते रहने वाले साहित्य-प्रेमी नित्य दूध लेने आने लगे। दस रुपये लीटर के हिसाब से लेते। बाजार में मदर डेरी नौ रुपये लीटर देती। उसमें स्वाद नहीं मिलता था। यान्त्रिकता का भाव रहता। साहित्य इस यान्त्रिकता के सदा विरोध में रहता था इसलिए भी मदर डेरी के प्रति एक आइडियोलॉजिकल हिचक रहती थी। ग्लोबलाइजेशन की पहली लहर में सारी बातें भैंस के दूध के पक्ष में क्रिटीकली मुड़ी हुई थीं।

भैंसों को इस सारे साहित्य-व्यापार में कोई दिलचस्पी नहीं थी। वे कभी-कभी जब पागुर करती बतियातीं तो कहतीं कि ये लोग हमारे दूध में साहित्यिक गुण क्यों ढूँढ़ते हैं? ये साहित्य क्या होता है? उसका दूध से क्या सम्बन्ध है? साहित्यकार हर सीजन में प्रतिदिन पाँच सौ रुपये की कमाई करता। भैंसों के चारे, खली आदि पर कोई डेढ़ सौ का खर्च आता बाकी उसकी जेब में होता। हर कटड़े-कटड़ी को पाँच-सात हजार में बेचा करता। यह उसकी निबल कमाई होती। उसकी साख बढ़ती

जाती। लोग कहते सर जी, आप अब भैंसों का फार्म हाउस खोल लो। उन्होंने ऐसा किया भी। पास की जमीन घेर ली और भैंसों का विराट तबेला बन गया। दिन ऐसे आ गये कि गोबर तक कैश क्रॉप की तरह बिकने लगा। विदेशी साहित्यकार आते। फिल्में बनाते और दुनिया में अनुवाद कर कर बताने को लालायित रहते कि यह भारत है। भारत में हिन्दी भारत है। दिल्ली है उसमें एक देहात है। वहाँ हरे-भरे खेत होते हैं। एक साहित्यकार मय भैंसों के रहता है। वे खूब दूध देती हैं। इससे साहित्य में कई परिवर्तन हुए हैं। ग्लोबल मन्दी के इस दौर में इस एक साहित्यकार ने इस साहित्यिक उद्यम को जन्म दिया है, जिसमें मन्दी से लड़ने के बीज छिपे हैं। इससे उसकी कविता, कहानी, उपन्यास यहाँ तक कि आत्मकथा तक में असलीपन की प्रामाणिक महक आती है। यह ईथनिक साहित्य है। इत्यादि। यहाँ उसी महान जीवन से प्रेरणा ली जा रही है। दी जा रही है।

कालान्तर में इस साहित्यकार को कई बड़े सम्मान मिले। नोबेल मिलने से इसलिए रह गया क्योंकि ये हिन्दी में लिखते थे और नोबेल वाले 'एंटी-हिन्दी' हैं ही।

हे पाठकजन! उक्त प्रसंग को गल्प न समझना। सच समझना। ऐसा हुआ है। यह साहित्यकार कौन है? क्या नाम है? इसकी रचनाओं के नाम क्या हैं? उसको कौन से सम्मान मिले हैं। इन सवालों के जवाब हम गोपनीय ही रखना चाहेंगे। हमें यह साहित्यकार इस मन्दी के दौर में एक आदर्श मॉडल लगा इसलिए साहित्य के दुर्लभ इतिहास से इसका परिचय निकाला और आपके सामने रख दिया। उसका दिया सबसे बड़ा साहित्यिक सबक यह है : निवेश करो और साहित्य की रक्षा करो। उसने अपने जमाने में सम्मान की राशि का निवेश किया और करोड़पति होने तक गया।

उसका जीवन कहता है सम्मान राशि साहित्य में निवेश करिए। मन्दी के दौर में सेनसेक्स नीचे आ रहा है, कई ब्लूचिप कम्पनियाँ गिर रही हैं। सबसे बड़ी कम्पनी के शेयर बीस रुपए में मिल रहे हैं जो कभी तीन हजार तक पहुँचे थे। कल को फिर पहुँचेंगे। इसलिए खरीद डालो! पाँच-सात साल बाद तुम करोड़पति बनोगे। बीस हजार का इनाम करोड़पति बना देगा। एक लाख का अरबपति बनाएगा। गारंटी है। टमाटर के दाम में जब शेयर मिल रहे हों तो टमाटर न खरीदकर शेयर खरीद लो। एक दिन टमाटर न खाओगे तो भूखे नहीं रह जाओगे। हिन्दी में इस ट्रेडिंग की बड़ी जरूरत है। जितनी राशि मिले उसके एक हिस्से को बाजार में लगाओ। अरे आलू के भाव शेयर हैं तो सदा आलू के भाव नहीं रहने। जब उठेंगे तो करोड़पति बना के जाएँगे। साहित्य का एक काम मन्दी से लड़ना भी है। अपना साहित्य उस भैंस पालने वाले लेखक को अपना आदर्श मानता है। इसलिए यह लेखक जल्दी ही 'डीमैट' एकांउट खोलने वाला है। यही इस 'फूल' की चाहत है।

14 दिसम्बर, 2008

प्रेम का क्रैश कोर्स

प्रेम किस सूची में है? प्रेमी किस सूची में आते हैं? किस सूची में आता है बसंत? और किस सूची में आता है वेलंटाइन? अजीब बात यह है कि प्रेम अपने संविधान का विषय ही नहीं हुआ। सारे मौलिक अधिकारों में भी यह एक अधिकार की जगह न पा सका। अगर मौलिक अधिकार होता तो उसके हनन करने वालों पर कुछ आपराधिक मुकदमे दायर हो सकते थे। संगठन का अधिकार है अभिव्यक्ति का अधिकार है। लेकिन प्रेमाभिव्यक्ति का अधिकार कहीं दर्ज नहीं है। यह अपने संविधान का अन्तर्विरोध है। वह आधुनिक भारत का नक्शा बनाता है, मगर उसमें प्रेम को जरा-सी भी जगह नहीं दी गयी है। प्रेम को इसकी कोई परवाह नहीं रही। उसने कभी रिजर्वेशन नहीं माँगा। वह हमेशा लोगों के दिलों में रहा। लव, इश्क, प्रेम हर भाषा में अनेक शब्दों में होता रहा। संसार के हर महाकाव्य में रहा। हर घर में रहा। गली कूचे में रहा। हिटलर के जमाने तक में रहा और उसी ने उसे परास्त भी किया।

प्रेम अगर कहीं रहा तो दिल में रहा और दिल से बाहर आया तो साहित्य बन कर आया। वह सहज कविता बनकर आया, गीत बनकर आया, संगीत बनकर आया। प्यार किया नहीं जाता, हो जाता है। जबर्दस्ती नहीं होता। न उसमें परस्पर कोई किसी को परेशान/हैरान ही कर सकता है। वह बराबरी की दरकार वाला जनतान्त्रिक मूल्य है। प्रेमियों के एकान्त में अहिंसा होती है। मासूमियत होती है। छल नहीं होता।

प्रेम का यही क्रिटिकल तत्व है, जिससे वे डरते हैं जिनके जीवन में प्रेम का सचमुच अभाव है। प्रेम में डरने वाला आदमी ही उस पर हमला करता है। प्रेमी किसी पर हमला नहीं करते। वे प्रेम से जीतते हैं।

यह सब इसलिए कहा कि इन दिनों फिर प्रेम की हत्या हो रही है। जिस भारतीय संस्कृति के बहाने हत्या हो रही है, प्रेम के आखेटक उसे नहीं जानते। आदिकवि वाल्मीकि ने तो एक पक्षीयुगल के प्रेम की रक्षा में महाकाव्य लिख डाला। ऐसे आखेटक नहीं जानते कि भारतीय संस्कृति में वाल्मीकि ने प्रेम के बारे में क्या कहा है? एक बहेलिए ने क्रौंचमिथुन में से एक को मार दिया तो वाल्मीकि के मन

में गहरा शोक उत्पन्न हुआ और उस शिकारी को धिक्कारते हुए उन्होंने कह डाला कि जा तुझे कभी प्रतिष्ठा नहीं मिलेगी! आज के प्रेम-वधिक वाल्मीकि के इस प्रेम श्लोक को नहीं जानते। वे शायद यह भी नहीं जानते कि कृष्ण भारतीय संस्कृति के प्रेम भाव के सबसे बड़े नायक हैं, जो गोपियों के संग नित्यप्रति रास रचाते हैं, जिनकी मुरली की धुन सुन गोपियाँ हजार बार 'आरजपथ' को छोड़ कर उनसे मिलने चल दी हैं। महाकवि जयदेव के गीत गोविन्द में, सूरदास के सूरसागर में, भक्ति कवियों की अनन्त रचनाओं में तुलसी, कबीर, जायसी की रचनाओं में सबसे केन्द्रीय भाव प्रेम ही रहा है। रामचरित मानस में राम छूकर अहिल्या को 'शिला' से 'सुन्दर स्त्री' बनाते हैं। राम के नाम पर श्रीराम सेना गठित करने वाले स्त्री को 'शिला' बनाने पर तुले हैं। हे राम! आपके नाम से प्रेम का आखेट करने वाले ये कैसे लोग हैं, जो बिना आपका स्वभाव जाने आपके नाम पर अपनी-सी किए जाते हैं।

हे राम! आपने तो कभी किसी स्त्री को तिनके तक से नहीं छुआ। तब ऐसा क्यों है प्रभु जी आपके नाम को लेने वाले स्त्री को शिला बनाने पर तुले हैं! निश्चित ही वे माया के भ्रम वश ऐसा कर रहे हैं। उन्हें कभी प्रतिष्ठा नहीं मिलेगी।

प्रेम एक अनाथ की उदात्तता है। वह अपने अनाथपन में धन्य है। वह साहसी है। प्रेमी जन साहसी ही होते हैं जो अपने प्रेम के दुश्मनों को जानकर भी प्रेम किया करते हैं। प्रेम किसी निरीह पक्षी की तरह, किसी फूल की तरह कोमल और अपने में तल्लीन रहता है। घृणा अपनी ही आग में जलती रहती है। वे जल रहे हैं।

भारतीय संस्कृति की कथित रक्षण में निकले लोग लगता है न साहित्य पढ़ते हैं, न फिल्में-टीवी देखते हैं। यदि वे देखते होते तो जान लेते कि प्रेम को आप अपने फासिस्ट भुजदण्डों से, मुक्कों से रोक नहीं सकते। ऐसे लोगों को 'विलेन' कहा जाता हे। वे वेलेंटाइन के विलेन हैं। प्रेम के आगे विलेन दयनीय ही होता है। विलेन और वेलेंटाइन का मिलन नहीं हो सकता। वेलेंटाइन के लिए कोई विलेन नहीं। विलन हमेशा वेलेंटाइन की तलाश में रहते हैं। पिछले दस पन्द्रह साल से ऐसे तत्व कहीं न कहीं सिर उठाते ही रहे हैं। हर बार प्रेम अधिक ताकतवर होकर उभरा है। बिना विलेन के भी कैसा वेलेंटाइन? वेलेंटाइन आभारी है कि विलेनों ने हर साल उसे अधिक मशहूर किया। विलेन न होते तो मालूम भी नहीं पड़ता कि वेलेंटाइन भी कुछ होता है।

वेलेंटाइन ने बताया है कि समाज में प्रेम का वितरण समान नहीं है, जो प्रेम वंचित हैं वे चिढ़ कर प्रेमियों पर हमला किया करते हैं और हमले के जरिये कहते हैं कि प्रमियों हमें प्रेम नहीं मिला है, हमें प्रेम मात्र अच्छा नहीं लगता। हमें प्रेम सिखाओ। श्रीराम सैनिकों को प्रेम की जरूरत है। उनके लिए प्रेम का, संस्कृति का कोई क्रैश कोर्स चलाओ।

8 फरवरी, 2009

गरीबी डॉट कॉम

'स्लमडॉग करोड़पति' के जरिए हमारी गरीबी को बेचा जा रहा है। जिसे बेचा जा रहा है, पैसा उसके पास नहीं आ रहा है। गरीबी का मालिक भी कोई और है। पैसा उसी की जेब में जाता है। गरीब अपनी जगह बरकरार रहता है, उसकी गरीबी बिकती रहती है। गरीबी गरीब से स्वतन्त्र होती है। गरीब को नहीं मालूम पड़ता कि उसकी गरीबी बेची जा चुकी है। गरीबी और गरीबी की यह डाइलेटिक्स बड़ी जटिल है। मार्क्स ने 'कैपिटल' के बारे में ज्यादा सोचा। गरीबी की समग्र स्वतन्त्र लीला के बारे में कम बताया। जितना बताया, उतने से ही दुनिया में बखेड़ा हो गया। ज़ब गरीब की गरीबी दूर हो गयी तो उसे अच्छा नहीं लगा। उसने गरीबी हटाने का वायदा करने वाले समाजवाद को विदा किया और फिर अपनी गरीबी में लौट गया। हिन्दी में 'गरीबी' साहित्य, संस्कृति का पता नहीं कब से 'स्थायी' और 'अंतरा' दोनों है। कुछ लोग कहते हैं गरीबी क्यों बेचते हो जी? हम कहते हैं ये फालतू विवाद है : हमारे पास जो है, वही तो बेचेंगे? कारण है : गरीबी का मार्केट कभी डाउन नहीं होता, पर इन दिनों सब डाउन है लेकिन वह बुलिश है। अपना स्लमडॉग करोड़पति बिक रहा है। ऑस्कर तक चला गया है अपना झोपड़िया श्वान।

अपने 'गरीबी डॉट कॉम' पर इस फालतू विवाद में भी अपनी प्यारी मैडम गरीबी का समूचा सौन्दर्य निखर आया है। गरीबी है ही ऐसी हरजाई! बेमुरौवत! बेलिहाज! जब होती है तो आदमी को कहने लायक नहीं छोड़ती और जब नहीं होती तो आदमी उसकी बात करने से शर्माने लगता है। कहने लगता है मेरी गरीबी को न देख! न बेच!

अपने हिन्दी साहित्य का गरीबी से जन्म जन्मांतर का सम्बन्ध है, यहाँ गरीबी खोजी जाती है, बनाई जाती है, पैकेज होती है, उसकी जिल्द बाँधी जाती है। उसका रिव्यू किया जाता है और कहा जाता है कि इस महान लेखक ने अपने देश और काल की कुल गरीबी को बड़ी गहराई में दिखाया है। लो देखो इस बात पर वह ईनाम पाती है।

स्लमडॉग वाले अंग्रेजी वाले हैं। उन्हें लगता है कि गरीबी का आखिरी नमूना उन्हें मिल गया। बॉलीवुड की कोई एक भी फिल्म देख लेते तो मालूम हो जाता है

कि अपने यहाँ तो हर फिल्म का नायक स्लमडॉग ही होता है जो मिलियेनेयर बनने की तमन्ना में सारा एक्शन करता है, प्रेम के गाने भी गाता है और सेक्सी नाचता भी है। हमें तो लगता है कि गरीबी जितनी आकर्षक होती है, उससे ज्यादा गरीब का प्यार, उसका ठुमका, उसका गाना, उसकी सेक्सी हरकतें। बिकने वाला माल यही है, इसीलिए तो अपने यहाँ गरीबी भी सेक्सी नज़र आती है। ये हालीवुड को बॉलीवुड की देन है। उसका ऐन्द्रिक पैकेज जरूरी होता है।

गरीबी बेचना गरीबी हटाने का भ्रम देता है। गरीबी से अमीरी तक की हर कहानी में सेक्स, जिसे भारतीय सभ्यतामूलक पदावली में प्रेम कहा जाता है, के बिना रस नहीं बनता। ये तत्व हालीवुड वाले नहीं जानते। अपने गरीबी प्रेमीजन गरीबी के तत्व-मीमांसक होते हैं। गाते रहते हैं : तेरी एक झलक के सामने जमाने की दौलत क्या है?...ऐसा गरीब दिल का अमीर कहलाता है। अपने यहाँ गरीब भी दिल का अमीर होता है।

अगर गरीबी न हो तो साहित्य संस्कृति बिल्कुल न हो। उसकी बहसें न हों। उसकी आलोचना न हो। यहाँ गरीबी की पूजा की जाती रही है। हर कहानी, कविता में गरीबी केन्द्र में पीढ़े पर बैठी रहती है। अपनी गरीबी जादूगरनी है। एक पूरा साहित्यिक फलसफा चला डाला है : यथार्थवाद। और तो और जब दो शताब्दी की मेहनत के बाद विद्वानों ने यथार्थवाद की पहेली को समझा तो इस जादूगरनी ने यथार्थवाद के आगे 'जादुई' लगाकर सबको फिर कन्फ्यूज कर दिया।

गरीबी ने इतिहास में बड़े गुल खिलाए हैं। वर्ग पैदा किए। वर्ग संघर्ष करा डाले। क्रान्तियां कर डालीं। क्रान्तिकारी कवि हो गये। उनकी महिमा क्रान्तिकारियों के बीच ऐसी रही कि उस सबको ठिकाने लगाने के लिए अमीरी को अमेरिका का बाना धारण करना पड़ा। शीतयुद्ध चलाना पड़ा। बाद में जहाँ-जहाँ गरीबी दूर कर ली, वहाँ-वहाँ अमीरी-सी आ गयी। इस कन्फ्यूजन में गरीबी अमीरी में मिक्स हो गयीं एक दिन गरीबी खुद ही भ्रमित हो गयी कि वह गरीबी है भी कि नहीं? यह दिन ऐसे ही है कि गरीबी नहीं जानती कि वह क्या है? कहाँ हैं? अमीर कहता है कि वह सबसे बड़ा गरीब है। गरीब कहता ही नहीं कि गरीब है। वो कहता है कि वह सबसे बड़ा अमीर है क्योंकि उसके पास खोने को उसका किराए का रिक्शा भर है और पाने को रिजर्वेशन है।

अगर गरीबी की बारीकी न होती तो हिन्दी न होती, हिन्दी साहित्य न होता और इन दिनों जब तब उभर पड़ने वाली एक-दूसरे की मार्मिक 'कपड़ाफाड़ू' बहसें न होती। वक्त न कटता।

इतिहास में कबीर ने अपनी फकीरी का, तुलसी ने अपने 'दरिद्र' का और बहुत बाद में गरीब अश्क ने अपनी 'गरीबता' का दावा किया। अगला गरीब रिकार्ड में नहीं है।

अमीरी गरीबी का धन्धात्मक रूप है। 'वन' खरीदो तो 'वन' फ्री में मिलती है। पहले बहन अमीरी आगे बढ़ी। फिर गरीबी को बुला भेजा कि बहिना अब तू गाने बजाने आजा! मैं थककर सोने चली। लोगों ने उसे मन्दी कहा। जिस देश में गरीबी को भगवान का दरजा दिया गया, उसका स्टॉक क्या कभी खत्म हो सकता है?

25 जनवरी, 2009

हिन्दी साहित्य में आत्मा

सेंचुरी मनाई जा रही थी। राष्ट्रीय सेमिनार अपने तीन दिवसीय 'हलवा पूरी कचौड़ी' में था। उद्घाटन हो चुका था। उसकी ख़राब सी छपी ग्रन्थावली का फीता कट चुका था। दस सम्मान दिए जा चुके थे। मंच दिग्गजों के बोझ से लचक रहा था। पीछे मंच की नीली दीवार पर दस बाई बीस का पीला कपड़ा झूल रहा था। यह एक प्रकाशक या एक अकादमी या एक संगठन की सज्जनता थी। उसने यानी महाकवि की आत्मा ने एक लम्बी जम्भाई ली और गेट पर खड़े दरबान की मूँछों को देखा। फिर मंच पर बैठे दिग्गजों को देखा और उसे सेंचुरी के आइडिए पर हँसी आयी और बाहर आ गया।

जब तक शरीर में था, मर्यादा में था जब से आत्मा यानी आत्मरूप बना था, तब से उस कुछ से पूरी तरह मुक्त था। आत्मा होकर उसने जाना कि आत्मा को एक ही रस मिलता है : चिर हास्य रस! हँसते हुए आत्मा होकर उसने जाना कि जिस आत्म या आत्मा की बात वह साहित्य में करता रहा है और सब करते रहे हैं और पता नहीं कब से करते रहे हैं वे सबको बेवकूफ बनाते रहे हैं। वे भोक्ता हुए बिना ही हाँकते रहे हैं कि आत्मा ये है, वो है, ऐसी होती है, वैसी होती है। अरे असल मजा मरने के बाद ही आता है। अपने आप कोई मरता नहीं है। हे जीवात्मा उसे मारने के लिए किसी रोग को कष्ट करना होता है। यह दिनकर की आत्मा थी। जिसकी वही कहानी थी जो सबकी होती है। दिनकर का शरीर दिनकर की आत्मा को आजाद कर चुका था।

संयोग ही था कि दिनकर की यही आत्मा मंडी हाउस में त्रिवेणी में टहल रही थी, वहीं बच्चन की आत्मा ब्रेड पकोड़ा दबा रही थी और अज्ञेय की आत्मा दाढ़ी बनवाने वालों की लाइन में लगी थी। हजारी प्रसाद द्विवेदी की आत्मा चौरसिया से पान बनवा रही थी। महादेवी पास के नीम के पेड़ से उतरती गिलहरी पर संस्मरण प्लान कर रही थीं। निराला की आत्मा रामविलास शर्मा के इन्तजार में थी, राम विलास शर्मा का ऑटो पहाड़गंज के जाम में फँसा था। मुक्तिबोध की आत्मा को गणेश छाप बीड़ी को पब्लिक प्लेस में सुलगाने के चक्कर में पुलिस धर ले गयी थी। अशोक वाजपेयी शमशेर की तबियत खराब होने के बावजूद उनकी जमानत कराने पैदल चल दिए थे और नामवर सिंह 'अँधेरे में' की अस्मिता की खोज में मुक्तिबोध

की अधबुझी बीड़ी के टुर्रे को सँभालकर अपने सेमिनार में दिखाने के लिए जेब में रखना चाह रहे थे।

उद्घाटनकर्ता बोला : हमने उन्हें समझा ही नहीं। उनकी किताब तो जिन्दगी का जिन्दा दस्तावेज है। हमने नहीं जानी, किसी ने नहीं जानी। इधर जब मैं पढ़ रहा था तो मालूम पड़ा उनकी इस कविता में हिमालय का 'यति' मौजूद है जिसे उन्होंने अवश्य देखा था, तभी तो सारी कविता 'यति' का आवाहन है। यह एक दम मौलिक चरित्र है जो कविता में आया है। आजतक 'यति' के बारे में किसी ने सोचा तक नहीं और दिनकर पूरी कविता दे गये। हम सब दिनकर के 'ऋणी' हैं और उनकी ब्याज डकार गये हैं।

निराला सेंचुरी में कहा गया : निराला की कविता में लोक नहीं, लौकी है। वे लौकी पसन्द करते थे! रामदेव लौकी के रस से सारे रोग दूर करते हैं। उन्हें निराला से प्रेरणा मिली है।

हजारी प्रसाद सेंचुरी में एक मात्र शिष्य ने स्थापना की कि पंड्डिजी कब, कौन, किसके हाथ का, किस ब्राण्ड तम्बाकू का पान खाया करते थे और पान खाकर कब हँसा करते थे, किस पर हँसा करते थे? वे सिर्फ हँसते रहते थे या कुछ और भी करते थे? उनके हँसने से सामने वाले के कपड़े कब, किसके खराब हुए? उनके विशद पान वर्णन में बनारस के दुकानदारों का कितना हिस्सा है? प्रमाण हैं कि उनके लिखने के बाद बनारस की पान इंडस्ट्री में बूम आया था। आज मंदी से लड़ने के लिए पंड्डिजी और बनारस की पान मंडी के सहसम्बन्धों का पुनर्मूल्यांकन करना होगा। पान में बूम लाना है, पीक में लाना है।

बच्चन सेंचुरी में किसी ने जोर देकर कहा वे मधुशाला के नहीं, पबशाला के एकमात्र कवि हैं। हिन्दी में पीते सब हैं, लेकिन पीने के बारे में कोई कहता नहीं है। उनकी कविता ने साहित्यकारों को पीने की तमीज सिखायी है। पब कल्चर उसी का विस्तार है। मुतालिक के विरोध में अगर किसी की कविता खड़ी है तो बच्चन की कविता है। बच्चन की कविता फासिज्म के विरोध में एक महान लम्बा गीत है। अगर मुतालिक से लड़ना है तो सब अपनी चड्डियों में लपेट कर मधुशाला की प्रतियाँ मुतालिक को भेजें।

बहुत-सी जिन्दा-मुर्दा आत्माएँ हिन्दी में मंडी हाउस, आईआईसी में, हेबिटेट में सुबह से विराज जाती हैं। उन्हें उसी तरह अवदान खोजी परिन्दे का इन्तजार रहता है जिस तरह निर्मल की नायिका को रहता था और एकल 'लेडिज संगीत' करती रहती थी।

अभी-अभी निर्मल की आत्मा पेरिस जाने के लिए टैक्सी में बैठी है, कभी मिली तो उसकी खबर सुध देंगे।

तब तक ओम शान्तिः ओम शान्तिः।

22 फरवरी, 2009

मंच बेमंच का प्रपंच

पिछले दिनों तीन मंचीय कवि एक एक्सीडेंट में गुजर गए। इनमें एक ओमप्रकाश आदित्य थे, जिन्हें इस लेखक ने टीवी पर कई बार सुना था। जब विश्वनाथ प्रताप सिंह ने इस्तीफा दे दिया था तो कुछ दिन शायद उन्हें अपने इस कदम पर अफसोस हुआ और पता चला कि वे अपना इस्तीफा वापस लेना चाहते हैं तब आदित्य का एक छन्द बड़ा हिट हुआ था 'मेरा इस्तीफा लौटा दो वरना इस्तीफा दे दूँगा।'

अब एक और हास्य कवि अल्हड़ बीकानेरी भी गुजर गये हैं। उम्र और रोग के लपेटे में निकल गये। मंच की एक पुरानी पीढ़ी की चलाचली की बेला है। कुछ बे मौत चले जाते हैं कुछ को मौत ले जाती है। इसका कुछ नहीं किया जा सकता। मंच के कवि एक रात के लिए कविता करते हैं, अमरता के लिए नहीं। यह तत्व वे जानते हैं, इसलिए हल्के हास्य में मस्त रमा करते हैं। काका हाथरसी मरे तो कह गये कि मेरी शवयात्रा में हास्य कवि सम्मेलन करते चलना। रोना नहीं।

हिन्दी में मंचीय और रंगमंचीय श्रद्धा अपने-अपने खित्ते में, अपने-अपने इलाकों में, अपने मुहल्लों और ठीयों में प्रस्तुत हुआ करती है। हिन्दी में 'कवि' अलग होते हैं और 'मंचीय कवि' अलग होते हैं। उनके मंच अलग हैं, उनकी अभिव्यक्तियाँ अलग हैं और उनका रेट तक अलग-अलग होता है। मरते भी अलग-अलग शैली में हैं।

'कवि के पास 'कविता' होती है, मंचीय कवि के बारे में कहा जाता है कि ये सब मसखरे होते हैं और अश्लील किस्म के चुटकुलों को नाच-गाकर पेश करते हैं और इस तरह जनता की रुचि को फूहड़ बनाने का काम करते हैं। गम्भीर कवि जनता का इन्तजार करते रहते हैं कि वह मंच को छोड़ इनके पास अपने आप आएगी।

मंचीय कवि उनसे बहस नहीं करते जो सिर्फ कवि कहलाया करते हैं और गम्भीर किस्म की कविता करते जाने जाते हैं। जिनकी चर्चा अक्सर विद्वान लोग कर लिया करते हैं। इनके 'कविकर्म' की चर्चाएँ होती रहती हैं। बीस-तीस लोग कविताएँ सुना करते हैं और पूरी कविता कवि पढ़ जाता है तो लगता है कि किसी शोक सभा का प्रस्ताव पढ़ रहा है। न कोई ताली पड़ती है, न कोई हँसी छूटती है,

कोई वाह-वाह तक नहीं करता। इस वातावरण को एक विचारशील वातावरण कहा जाता है, जिसमें कविता 'गम्भीर रस' में रहती है।

इस कविता के पास कवि होता है और अकेला कवि होता है। उसके संग के कवि तक उसके नहीं होते। उसे नहीं सुनते-पढ़ते। कवि के पास जनता के नाम पर एक बड़ा शून्य होता है। इस कविता का कोई पब्लिक स्फीयर नहीं होता। मंचीय कवि के पास कविता जितनी होती है, उससे ज्यादा उस कविता की जनता होती है। पब्लिक स्फीयर होता है।

कवि लोग कभी जनता को कविता नहीं सुनाते, पुराने कवि सुनाया करते थे। निराला, बच्चन, दिनकर सुनाया करते थे। उसके बाद जब से नयी कविता आयी, तबसे मंच से उतर कर कविता सिर्फ पाँच-सात, पचास की गोष्ठियों में कैद हो गयी। कविता जितनी कठिन होती, उतनी ही आश्चर्यचकित करती। लोग भविष्य में समझेंगे मुझे! ऐसा कहती जान पड़ती। कठिनाई एक मूल्य बन गयी, अमूर्तता एक मूल्य बन गयी। हिन्दी कविता में इतने 'कठिन काव्य के प्रेत' हो गये कि केशव तक अपना शुक्लकृत अपमान भूल गये। इन दिनों हर कवि अपनी कविता में नाराज परेशान-सा रहा करता है। यह अलग बात है कि परेशानी का सबब नहीं मिलता। मंचीय कवि के पास जनता होती है। दिन भर की थकी-हारी, नगर-कस्बे में शाम की तफरीह के लिए निकले छोहरे, रिटायरमेंट को याद करते बुजुर्ग जो देर रात तक मंचीय कविता सुनकर वाह-वाह करते हैं। अगर न जमे तो हूट करते हैं। हिसाब तत्काल होता है, जनता को कविता कंट्रोल नहीं करती तो गायब हो जाता है कवि!

इस जनता की ताली के लिए कवि उसी तरह के टोटके इस्तेमाल करते हैं जिस तरह नच बलिए या कॉमेडी शो वाले करते हैं। वे कवि प्रस्तुति पर जोर दिया करते हैं और कविता की या गीत की पंच लाइन पर नाटकीय बलाघात करते हैं, जो उन्हें उस रात, उस मंच का हीरो बना दे।

एलीट कवियों के लिफाफों में अधिकतम हजार, दो हजार होते हैं। वह भी अकसर किसी अकादमी के चेक रूप में। मंचीय कवि का लिफाफा भारी होता है। कैश वाला होता है। इन दिनों के हिट कवियों के लिफाफे बीस-तीस हजार से लेकर पचास हजार तक के होते हैं। एक रात के एक कवि सम्मेलन के एक कवि को बीस हजार से पचास हजार मिलें तो यही कहा जाएगा कि हिन्दी में कविता के लिए पर्याप्त सपोर्ट बेस है।

लेकिन क्या गजब है कि 'समंच' कवि 'बेमंच कवियों' से डरा करते हैं जब कि 'कवि जन' मंच की हँसी उड़ाते हैं। दोनों हिन्दी के दो रंग हैं। अपने को दोनों प्रिय हैं। काश, वे एक दूसरे के भी कभी प्रिय बनें!

28 जून, 2009

आतंकवाद में साहित्य

छब्बीस ग्यारह हो गया। लाहौर हो गया। कहाँ-कहाँ क्या-क्या तो हो गया? बीरविहीन मही मैं जानी। मुम्बई में तीन दिन तीन रात आतंकी खेल चला। लाहौर में सुबह जरा सी देर में आतंकवादियों ने खेल कर दिया। कई खिलाड़ी घायल हो गए। खेला बन्द हो गया। टीम लौट गई। पत्रकार बोले क्योंकि वे तो बोलते ही हैं, लेकिन जिनका सम्वेदनशील हृदय पशु-पक्षियों में, पेड़-पौधों में, कंकड़-पत्थर में भक्ति अध्यात्म ढूँढ निकालता है, जो 'वहाँ' पहुँचता है 'जहाँ' रवि तक नहीं पहुँचता। हिन्दी का ऐसा सजग, चौकन्ना सम्वेदनशील साहित्यकार कुछ नहीं बोला है। बिन्दास को चिन्ता हुई।

कोई बात तो होगी! मगर क्या?

बात है। कही नहीं जाती है। बिना कहे ही समझी जाती है।

हिन्दी की तीनों पीढ़ियों के जीवित अथवा सद्यःविसर्जित कवि-कथाकार, आलोचक/इससे ज्यादा विधाएँ इन दिनों चलन में नहीं हैं/इन दिनों एकान्त सेवन कर रहे हैं वे। अपने-अपने एकान्त में हैं जैसे मुक्तिबोध का 'अँधेरे में' का नायक जो अँधेरे बन्द कमरे में चक्कर लगाने का शौकीन है।

उपमा गलत है। अपने अँधेरे को एंजाय करता साथी कहता है कि हे बिन्दास उपमा तो ठीक दे। एकान्त के अपने मजे होते हैं। तू क्या जाने जो हर वक्त लिखता बोलता रहता है।

एकान्त अनेकार्थी है। बीबी ने लात लगा दी तो एकान्त हो गया। सम्पादक ने न पूछा तो एकान्त हो गया। मिलता अकादमी न मिला तो 'शून्यमिदं' हो गया।

इसलिए बिन्दास-गुंताड़ा यही है कि हे साथी! तेरी इस चुप्पी का भी एक अर्थ नहीं है। 'अर्थबहुलत्व-अर्थलचकत्व-अर्थलपकत्व' ने इस त्रिधा उत्तर आधुनिक समय में जब एक आतंकवादी का एक मानी नहीं होता तब एक साहित्यकार के मौन का अर्थ कैसे एक-सा हो सकता है?

बिन्दास के बहुत शोध करने पर हिन्दी के साहित्यकार के आतंकवाद को लेकर निम्न रुझान पाये गये।

रुझान नम्बर एक : दयाभाव

एक औसत साहित्यकार आतंकवादी को दया की दृष्टि से देखता है। उसे उसकी हालात पर तरस आता है। ये क्या हो गया इस लड़के को? गुमराह लोग हैं। दुःखी जन पर करो करुणा...।

रुझान नम्बर दो : वीर भाव

दबा छिपा! यह साहित्यिक अन्तर्विरोध है। कुछ-कुछ काव्यरूढ़ि की तरह। आतंकवादी को देखते ही धीरललित, धीरप्रशांत भाव में रहने वाले अचानक अपने लुप्त हो गये वीर भाव को उचित आलम्बन पाकर जागता महसूस करते हैं। 'चढ़ चेतक पर' तलवार उठाने का मन करता है। 'भूतल का पानी' रखने वाली लाइनें कौंधती हैं मगर क्या करें? बन्दूक की जगह किस्मत ने निकम्मा देख दो रुपए वाली कलम हाथ में दे दी और किशोरावस्था में एक अधपढ़ बीबी चार बच्चे। रंगा मजबूर! इसीलिए साहित्य से वीर रस का विस्थापन हो गया।

रुझान नम्बर तीन : ईर्ष्या भाव

पाया गया है कि साहित्यकार आतंकवादी से जलता है। इसीलिए उस पर कुछ नहीं लिखता। डर लगता है कि कहीं आतंकी अमर न हो जाए! यह एक क्रिएटिवली भाव है। इसमें बड़ा पोटेंशियल है। यह साहित्यिक सम्भावनाओं के द्वार खोलती एक साहित्यिक स्थिति है।

ईर्ष्या का कारण साफ है : आतंकवादी एक बन्दूक दिखाकर इधर-उधर दन्नाकर खूनखराबा करके इतना कवरेज फ्री में ले लेता है और हम जो साहित्य में दिन-रात लालक्रांति और रक्तक्रांति करते रहे एक लाइन नहीं ले पाये। यह अन्याय है। हमें अखबार में जगह नहीं मिलती। टीवी उन्हें दिखाता रहता है। कविता नहीं दिखाता।

रुझान चारः 'है गर्वभरा मदमाता' पर इसे भी लेन को दे दे।

ऐसा गर्वीला-गर्वीला साहित्य वहीं-वहीं बचा है जहाँ-जहाँ साहित्य ने स्वयं को आतंकवादी की कोटि में मान रखा है। साहित्य सोचता है कि आतंकवादी पाकिस्तान से बन्दूक लेकर तांडव करता है, साहित्य ने तो देसी दो रुपये वाली कलम से ही तांडव कर रखा है : 'एक हिलोर इधर से आए एक हिलोर उधर से आए' और 'धुआँधार जग में छा जाए! बताइए बन्दूक बड़ी है या कलम?

साहित्य का अपना आतंक होता है। साहित्यकार का अपना। इसे देखना हो तो उसकी बीबी से पूछो उसके बच्चों से पूछो। उसके कमजोर साहित्यिक दुश्मनों से पूछो। यह अध्ययन सिद्ध करता है कि अगर आतंकवाद को लेकर साहित्यकार नहीं बोलते तो उसके ठोस कारण हैं। हिन्दी वाले को 'अनधिकार चेष्टा' के नायक गधे के मौन न रहने पर हुई दुर्गति याद है! इसलिए हे साथी तेरा ऐसा मौन सब भाँति मूल्यवान है! कहा भी है : रहिमन चुप ह्वै बैठिए...।

8 मार्च, 2009

साहित्य का इमोशनल अत्याचार

साहित्यकार मनुष्य होता हैं। दुनिया उस पर इमोशनल अत्याचार करती है तो पलट कर वह वार करता है। इतिहास ने उसे 'इमोशनल अत्याचार' करने का हक दिया है। उसके लिए अक्सर वह अपनी 'भूमिका' के बारे में सोचता रहता है। भूमिका के बारे में सोचना 'इमोशनल अत्याचार' की पहली सीढ़ी है। हिन्दी साहित्य की सारे इमोशनल अत्याचार यहीं कहीं से शुरू हुए। तारसप्तक के कवि भूमिका की तलाश कहानी की 'सुई ढूँढने वाली बुढ़िया' की तरह करते-करते एक दिन अचानक आर्किमिडीज की तरह यूरेका कह उठे : कह उठे कि हम 'नयी राहों के अन्वेषी' हैं। हमें अन्वेषण करने दो। नेहरू को कांग्रेस को चुनाव लड़ने दो। उसके विपक्ष को उससे लड़ने दो। राजनीति से जरा स्वायत्त रहकर हम अभी साहित्य का रोडमैप बना रहे हैं, बनाने दो!

इस रोडमैप को नेहरू ने सीरियसली लेने की ऐतिहासिक गलती कर दी। अकादमी बनवा दी। समस्त अन्वेषित नयी राहें अकादमी के मंडी हाउस वाले सात सड़क वाले सतराहे की ओर मुड़ गयीं! इन दिनों साहित्य वहाँ 'पंजी-दस्सी' की इमोशनल राजनीति करता बिजी रहता है। अति-राजनीति ने साहित्य के जिगर में इमोशनल आग भर दी है। 'जिगर मा बड़ी आग है' के कवि गुलजार आज ऑस्कर से सम्मानित गीतकार हो गये हैं। इतिहास गवाह है कि नेहरू को साहित्यकारों ने किसी तरह झेला। लोहिया को भी झेला। वे तो दिल्ली के कॉफी हाउस में बैठ-बैठ एंटी नेहरू लग्गी लगाते रहे कि साहित्यकारों! जिन्दा कौमें पाच साल का इन्तजार नहीं करती हैं। लेकिन साहित्य ख्वाजा अहमद अब्बास की 'चार दिल चार राहें' फिल्म के गाने की तर्ज पर गाना गाता रहा : 'इन्तजार और अभी, और अभी!'

एक दिवस चिर विपक्षी लगने वाले श्रीकांत वर्मा ने पक्षी बन कर इन्दिरा गाँधी को महाकविता लिखकर दी कि 'गरीबी हटाओ' तो साहित्यकारों को बड़ा बुरा लगा। सारे श्रीकान्त के दुश्मन हो उठे, श्रीकांत इन्दिरा जी के प्रिय हो उठे। बाकी सब जलने लगे। वे राज्यसभा में आ गये। बाकी सब बीमार पड़ कर अपना फ्री इलाज कराने उनके रिकमंडेशन के लिए बारी-बारी उनके यहाँ आने-जाने लगे! यह साहित्य और राजनीति का 'फुल्टू लिपसिंक' था। नयी राहें सिंक में थी।

विचारधारा ईर्ष्या नामक मनोभाव से मिक्स हो गयी। श्रीकांत वर्मा बिक गया है, सत्ता का दलाल हो गया, हमें देखो, हम विपक्ष में ही हैं। असली सच विपक्षी होता है। गहन आत्मसंघर्ष कहता रहता : हाय! मुए श्रीकंतवा की जगह हम क्यों न हुए जी! इसके बाद का साहित्य 'छले गये' का साहित्य है। साहित्य ने जब-जब राजनीति के साथ अपनी पीगें बढ़ायीं, अपने को छला हुआ ही पाया। तो भइए इस नित्य छल से छलछलायमान समय में साहित्यकार सोचते हैं कि आसन्न लोकसभा चुनाव में अपनी कलगी अपने तुर्रे सहित सौ फीसदी पतित राजनीति के अतिचार को ठीक करने वे अपने नागरिक कर्तव्य का निर्वाह करें तो इस अनधिकार चेष्टा के लिए हम उनकी हिम्मत की प्रशंसा ही करेंगे! इसे 'साहित्य का राजनीति पर इमोशनल अत्याचार' का जवाबी हमला कहा जा सकता है। सहयात्री होने के नाते ऐसे संघर्षमय दौर के लिए एक दम फ्री छह सूत्री एक्शन प्लान का प्रस्ताव करते हैं: 1. हिन्दी साहित्यकार मंडी हाउस स्थित अकादमी के प्रांगण में एकत्र हों और अपनी कविताओं, कहानियों की बत्ती जलाएँ। 2. जब तक अपनी सरकार ही न बन जाए, तब तक कविता, कहानी लिखने से असहयोग करें। 3. कोई साहित्यकार गाड़ी से मंडी हाउस न आए जो आए सो घर से पैदल आए या ब्लू लाइन में लटकता आए। सारे चैनलों को बताया जाए कि ये सदरपुर से, ये कालका जी से,ये ग्रीनपार्क से, ये जमुनापर से, ये वसुन्धरा से, ये मयूर विहार से इस वक्त चल पड़ा है। आज साहित्य हस्तक्षेप करने वाला है। यही अपन लौंग मार्च है। 4. सब मिलकर 'सब कुछ के खिलाफ सब कुछ के लिए' नामक घोषणा पत्र जारी करें। 5. जब तक लक्ष्य प्राप्त न हो, फटे हुए कपड़े पहनें। जूते की जगह वीशेप की रेक्सोना हवाई चप्पलें रहें। बगल में कोई पुराना रेडिकल-सा दिखने वाला खादी का झोला रहे और दाढ़ी आदि न बनायी जाए। यह मोरचा लेने का तकाजा है। 6. हाथ में खाली बोतल हो। उसे बजाएँ और कहें मनमोहन तेरे राज में लेखक प्यासा कहता है। यही नारा हो।

पोस्टर कहे : सावधान! साहित्यकार पहली बार 'अपना मोरचा' बनाने की ओर आ रहा है। नजर न लगे। कथाकार काशीनाथ ने सत्तर के दशक में 'अपना मोरचा' लिखा था। लगता है कि पहले मोरचे, दूसरे मोरचे, तीसरे मोरचे और चौथे मोरचे, पाँचवें मोरचे इत्यादि का आइडिया उसी उपन्यास से मारा गया है। यह साहित्य का राजनीति पर इमोशनल अत्याचार है। मोरचे को शुभकामना देते हुए हम साहित्य की इस इमोशनल अत्याचारवादी 'बिथा-कथा' यहीं समाप्त करते हैं।

22 मार्च, 2009

कविता के भूत से मुलाकात

कविता में कवि रहता है।

कविता में कवि क्या अकेला रहता है?

नहीं बचपन में बाँध दी गई एक बीवी और दो-तीन बच्चे टिके रहते हैं?

कवि से उन प्राणियों का क्या सम्बन्ध है? वे बुझी रसोई के किसी मैले, टूटे बरतन की तरह होते हैं। इससे अधिक सम्बन्ध जानने के लिए शोध नहीं होता। पहले घूँघट फैशन में था, अब आधुनिक कवि के आधुनिक समाज में फिट हो सकने वाली पति कवि की प्रतिभा को पहचानने वाली पढ़े-लिखे लुक्स वाली होती है। सिर सिर्फ ससुर के लिए ढँकती है।

कवि क्या करता है? कविता करता है!

रोजी-रोटी कैसे चलती है?/नौकरी करता है। कहाँ?

अखबार में, स्कूल-कॉलेज, विश्वविद्यालय में, सरकारी या प्राइवेट दफ्तर में। दो तरह के काम हैं। दूसरे काम में रोटी कमाता है। पहले काम में क्या कमाता है, यह स्पष्ट नहीं बताता। कहता है समाज की सेवा करता है। कलम को जनता के हित में लगाता है। क्या कोई ऐसी कविता लिखी गयी है, जिससे उसकी गली का नल ठीक हुआ हो, सफाई हुई हो।

ये दुष्ट सवाल एंटी-साहित्यिक हैं। सवाल करने वाला कविता का दुश्मन है। सौरी जी! तब आप ही बताइए कविता कवि को क्या देती है?

देती है यश। वह कविता करके नाम कमाता है। इतिहास में जाता है। वह आज के लिए नहीं, कल के लिए है। 'कल सुनना मुझे' कहता है। कल कभी आता नहीं। इसी वजह से कविता के पाठक आज नहीं, कल का इन्तजार करते हैं? इसका मतलब हुआ कि कवि फ्यूचर में रहता है।

क्या बात करते हैं? चलिए फ्यूचर में जीता है लेकिन वर्तमान में क्या करता है?

वर्तमान में फ्यूचर करता है।

अच्छा! वर्तमान में जीता है, खाता-पीता है और फ्यूचर में दिशा-मैदान को जाता है? आप अश्लील बातें कर रहे हैं।

कविता तो नित्यकर्म है न! आप ने ही कहा कि कविता करता है।

जी नहीं, कभी-कभी करता है, कविता थोक में नहीं लिखी जा सकती जिस तरह

से आप लिखते हैं। तुम अनपढ़ कविता के बारे में क्या जानो?

कविता में क्या लिखता है? पढ़ो और जानो।

पढ़ी नहीं जाती, पढ़ी जाए तो याद नहीं आती, भई कविता तो वो हुई जो याद रह जाए। तुलसी, सूर, कबीर, मीरा की दो चार लाइनें याद रह जाती हैं। इसकी एक लाइन क्या एक टाइटिल तक याद नहीं रहता।

कवि को कविता याद नहीं तो उसे कौन सुनेगा?

दुनिया में आजकल ऐसा ही चलन है। दुनिया के नाम पर दुलत्ती न झाड़िए। ये बताइए कि इस कविता का ग्राहक कहाँ है? उसका ग्रहणकर्ता कहाँ है? कविता न दी जाती है, न ली जाती है। देन-लेन यानी बाजारवाद के विरोध में खड़ी है कविता।, किस बाजार में खड़ी है?

वह हर बाजार में उसके खिलाफ खड़ी है।

तो कवि बाजार से कुछ नहीं लेता। उसके बच्चे-बीवी भी नहीं आते?

जी नहीं, आता है, खरीदारी करता है लेकिन कविता में आते ही कहता है, उसकी कविता बाजार के विरोध में खड़ी है। विरोध में रहना उसकी नियति है।

यानी नीयत बाजार के साथ है, नियति विरोध में है।

कविता की नीयत और नियति में बैर है?

जी हाँ, यही प्राब्लम है।

हाँ है, इसका भी हल है।

क्या कविता इतने बड़े बाजार में लड़ने की मुद्रा न अपनाकर अगर अपने घर के बीबी-बच्चों को सुरक्षा व अपने समाज की सुने तो कुछ रास्ता बने?/सो कैसे?

जीवन में रस नहीं है। कविता रस दे। जीवन में आनन्द नहीं है, आनन्द दे। जीवन में हँसी-खुशी नहीं है तो थोड़ी हँसी दे। नाचे गाए। मानवीय बने। सोशल बने। कविता का सोशल तो उसका आनन्द है। अपना सोशलवेल्यू बनाए। इससे घरेलू वेल्यू ही बनाए। घर की ही हो जाए। बीबी की सुने, बीबी को कविता में उसकी चिढ़ी कर्कश आवाज में कहने दे, बच्चों को पिता के नाम चुनी गालियाँ जो कही नहीं गयीं कहने दे, कविता जो है उसी को कहे जो भाषा तक नहीं बोली गयी, उसे भरे बाजार में खड़े होने का ड्रामा न करे। बाजार में विरोध भी खड़े-खड़े बिकता है कवि महोदय! इस मंडी में विरोध के भी दाम हैं। हर विरोध का एक प्राइस टैग लगा होता है विरोध में।

तो कविता में कौन रहता है?

कहा न कविता में सिर्फ कवि का भूत रहता है।

इस भूत का भी बाजार है।

यह टिप्पणी कविता के भूत से बातचीत पर आधारित है।

5 अप्रैल, 2009

जूते की अभिलाषा

इतिहास बड़ी गन्दी चीज़ है। मन्दी प्रेरित भविष्यहीन हुए इन दिनों इतिहास पल्टी मारता रहता है। कभी त्रासदी करते हुए रोने लगता है कभी कॉमेडी करके आँख मारता है। इस उत्तर आधुनिक समय में पौराणिकता पल्टी मार रही है जूता इस तरह से चल रहा है जिस तरह से वीरगाथाकाल में कभी वीरों की तेगें बरछियाँ चलती थीं, किरपाणें कटारें तलवारें चलती थीं। रीतिकाल तक में जब 'चमकती न चपला फेरत फिरंगे भट' चलते थे जब 'हाथिन की रैल फैल' सेलों को हुमकाती थी। जब घोड़ों की टापों से धरती ही बादल बन छा जाती थी और 'सूरज थारा पर पारा पारावार ज्यों' हिलने लगता था। दुश्मनों को पत्नियों के गर्भ गिर जाया करते थे, जब सरजा वीर अकसर ही जंग जीतने चला करते थे। और कवि, महाकवि उन सीन का बखान करते न थकते थे। वही इतिहास है। वही भूगोल है।

पुराने कवि अपने देशकाल में प्रति जागरूक होते थे। वीरों की वीरता का आँखोंदेखा हाल लिखा करते थे। समर भूमि तक में सजकर जाया करते थे। और आज जब साहित्य अधिक जागरुकों के हाथों में है, तब भी जूता पुराण पर उसकी लीला पर एक कविता नहीं लिखी जा सकी है।

ये बिन्दासी गद्य है। कविता नहीं है। बिन्दास का यह तुच्छ गद्य उस महान जूते को समर्पित है जिसने युग बदला और राजनीति की दिशा बदल दी! एक दिन जूता इकोनामी को भी बदल सकता है। देख लेना। बिन्दास का मन है कि वह एक जूता मन्दिर बनाए। उसमें जूता देवता की स्थापना की जाए और जूता आरती गायी जाए।

यह एक जूते की कामना हैः
मुझे पहन लेना ओ क्रोधी! नेता पर देना तू फेंक!
राजनीति की नाक कटाने जिस मंच विराजें वीर अनेक!!

जूते का जब से साप्ताहिक मानवीयकरण हुआ है, वह साहित्य के मानवीय अलंकार से ज्यादा महान हो गया है।

जूता हमेशा चला है, लेकिन उसका इतिहास नहीं लिखा गया। सबाल्टर्न वाले हाशियाकृतों का इतिहास लिखा करते हैं, लेकिन पदतल रहने वाले का नहीं लिखते। यह उनका एलीटिज्म है। हिन्दी में 'सुदामा चरित' में नरोत्तम दास ने सुदामा के पास 'पाँव उपानहु कीनहिं सामा' कह कर उस युग में जूते महँगे होने की बात कही

है। सर्वेश्वर दयाल सक्सेना ने 'इब्नबतूता के जूते' पर एक कविता लिखी है।

धूमिल ने 'मोचीराम' लिखी है। बस्स! यह साहित्यिक एलीटिज्म है। सच! साहित्य में चप्पल का इतिहास, जूते का इतिहास, उसकी लीला का इतिहास लिखा जाए तो वह नितान्त पददलित का इतिहास होगा।

शूद्र को मनु महाराज ने पैरों से जन्मा बताया तो विमर्श पैदा हो गया जो पैरों के भी नीचे कुचला जाता हो किन्तु पैर की रक्षा में अपनी जान देता हो उस उपेक्षित अभागे की सुध कोई नहीं लेता।

जूता शब्द की व्युत्पत्ति पर इतिहास खामोश है। उसके ऊपर कभी लिखा नहीं गया। इतिहास ने जूते के साथ न्याय नहीं किया। हर आदमी जिस चीज को पहनता है, अपने चेहरे से ज्यादा पालिश मारता है, चमकवाता है, जिसके फट जाने पर उसकी मरम्मत कराता है, और पुराना होने पर जिसे और बड़े वीरतापूर्ण काम में लाया जाता है, धन्य भाग जो ट्रकों, बसों, ऑटोज के पीछे निरीह-सा लटकता, हिचकोले खाता धुआँ पीता हुआ हर 'बुरी नजर वाले का मुँह काला' करता है और नये बने मकान तक को बदनज़र से बचाता है उसका इतिहास न लिखना अपने ऐसे हित् का इतिहास नहीं लिखने के बराबर है, जो हर मौसम में साथ देता है और जिससे काम लेकर हम सब भूल जाते हैं।

अब जूता कह रहा है बहुत भूल लिए मुझे अब मेरी याद करो कुर्बानी!

अंग्रेजी में 'शू' का इतिहास लिखा जाएगा तो उसमें 'जूते' का अर्थानन्द आने से रह जाएगा। जूते में खड़ाऊँ से रीबॉक युग तक का इतिहास आ सकता है।

जूता एक पॉपुलर सांस्कृतिक उपक्रम है। समग्र सांस्कृतिक भाषा है। नखशिख वर्णन में वह नख की ओर से शिख तक यात्रा करता है। दरबारी कवियों ने नखशिख वर्णन तो किए, लेकिन हजारों रीतिकालीन नायिकाओं की चप्पलों-जूतियों का वर्णन करना भूल गये।

जूते की खातिर एक प्रस्तावना लिख रहा हूँ। अभी मिला नहीं है। अभागे हैं हम। बस एक इल्तिजा है, देने वाले तुझे जब देना हो तो एक न देना, दो देना, जोड़ा देना। नया देना और मेरे नम्बर का देना और मेरे ब्राण्ड का फेंकना तभी कुछ बात बनेगी। एक जूता फेंकने में जूते का अपमान है। भाई को भाई से दूर करना ठीक नहीं।

जूते में जकार है। इतिहास का षड्यन्त्र देखिए कि बगदाद के जैदी और दिल्ली जनरैल सिंह के नामों में 'ज' जकार आता है। आडवाणी पर फेंकने वाले पावस अग्रवाल ने खड़ाऊँ फेंकी है, खड़ाऊँ पूज्य रही है और चप्पल से आगे की चीज है। भाजपा का है और भाजपा में जकार आता है! जिनके नाम में जकार आता हो, उनमें सम्भावनाएँ मानी जा सकती हैं।

अतः आप सबसे प्रार्थना है कि एक जूता मन्दिर बनाने में बिन्दास की मदद करें। जूता अहिंसक है, जूता सांस्कृतिक है। जूते को लेकर जितने मुहावरे व लोकोक्तियाँ हैं, वे जूता के साहित्य हैं जो मन्दिर की दीवारों पर लिखी जाएँगी।

19 अप्रैल, 2009

उत्तर-जनता युग के कायल

दुनिया का सबसे बड़ा जनतन्त्र है और उसकी सबसे बड़ी जनता 'गायब' है! थिंक-टेंकर, टीवी वाले, अखबार वाले, राजनेता, सब अवाक् हैं कि हमारी जनता को क्या हुआ? कहाँ गई? निकली क्यों नहीं? जितनी निकली वह बहुत-बहुत कम है। इसमें हमारी 'वो वाली, वहाँ वाली, 'नित्य-पटनीय' जनता कहाँ है? जिस जनता को ये ढूँढ रहे हैं, वह जनता अब वहाँ का पता बदल चुकी है। वह नित्य पल-पल मोबाइल जनता है। अति चंचल चित्त वाली जनता है। मूडी जनता है। छुपछुमाई खेलती जनता है।

यही 'उत्तर जनता' है। हजारों करोड़पति, दर्जनों अरबपति केंडीडेटों पर, इतने अपराधियों पर कुर्बान हुई नित्य क्रीड़ा-कौतुक करती जनता है, जब वह राजनीति को नहीं बदल पाती तो खुद को ही बदल लेती है और रूपोश हो जाती है।

'उत्तर-जनता' युग है। यह 'जनता के बाद की जनता' है। यह पहले जैसी प्यारी भोली-भाली जनता एकदम नहीं है।

उसने इस बीच कई लीलाएँ की हैं। एकदम मौलिक जूता-फेंक लीला करके उसने अपनी घृणा में रस पैदा कर दिया है। यहाँ-वहाँ, कहाँ-कहाँ इस पर, उस पर जूता-चप्पल फेंकने की लीला ने एक नया राजनीतिक विमर्श पैदा कर दिया है, जो सोशलाइट-जाति में ढले चिन्तकों की समझ से बाहर है। यह विमर्श राजनीति के प्रति अब का, बोरियत का विमर्श है। नेताओं को जनता बोर करने का हक नहीं दे सकती। वे विदूषक तक न रहे, मनोरंजक तक न दिखें, यह बात ऐतराज के काबिल है भी।

उत्तर जनता वो अहसानफरामोश जनता है, जो खा-पीकर मुँह पर डकार मारकर चल देगी और 'थैंक्यू' तक न कहेगी। पहले फिल्मी गाना बजा करता थाः 'यह पब्लिक है यह सब जानती है' जनता इसके आगे निकल गयी है। जानती सबको है, मानती अपने को है।

यह गाना उसे कभी फुसलाया करता था। जनता को जनार्दन कह कर उसके ईगो को फुलाया करता था कि वह इस प्रार्थी को वोट दे दे। इस उत्तर रिपब्लिक की पब्लिक 'नोकिया पब्लिक' है, हिसाबी, खुर्राट, बारगेन करने वाली बुर्जुआ-पब्लिक है।

हर महीने एक करोड़ मोबाइल खरीदती, खाते-पीते, जागते-सोते, उठते-बैठते

कान पर लगाकर बिजी दिखती, चटपट बातूनी पब्लिक है। यह नोकिया-पब्लिक पैंतीस छत्तीस करोड़ है। उसके तेवर बदले हुए हैं। उसका मिज़ाज़ बदला हुआ है। वह किसी की रियाया नहीं है।

'उत्तर राजनीति' ने भी अपने लिए 'उत्तर जनता' बनायी है। उत्तर राजनीति में उत्तर जनता रहती है। राजनीति सोचती है आखिरकार जनता एक वोट भर है और जनता सोचती है कि आखिरकार हर दल एक बोरा नोट भर है। राजनीति करोड़पतियों को लाती है तो जनता सोचती है कि राजनीति में बहुत पैसा आ रहा है और यह बारगेन का वक्त है।

राजनीति वायदा करती है और जनता 'तेरे वादे पे जिए हम' वाली पुरानी आदत छोड़ चुकी है। वह भोली जनता अब कहीं नहीं है, जिसे 'सब जानती है' कह-कह कर आप मुग्ध करते रहें। वो वोट देने आती रही। अब जो जनता है, वह तुरन्त हिसाब करने वाली है। इस हाथ ले उस हाथ दे। फ्री में जब लंच नहीं तो वोट फोकट में क्यों?

अब जो अ-जनता लोग हैं वे जनता के वोट देने के लिए बाहर न निकलने के बारे में चिन्तन करें।

एक मत है कि गरमी थी सो नहीं निकली। इस मत वालों ने माना कि जनता नाजुक मिजाज है, गरमी से बचती है। गरमी से बचने वाली जनता नयी है न! पहले नहीं जानते थे जनाब कि जनता भी आपकी तरह है उसे भी गरमी लगती है। आप एसी में रहते हैं और उसे बिजली तक नहीं। वह क्यों आए?

दूसरा मत रहा कि इस बार के चुनाव में कोई मुद्दा नहीं है, इसलिए जनता दिलचस्पी नहीं ले रही। इसका मतलब यह है कि जनता चुनाव को मुद्दे से जोड़ती है और काम से जोड़ती है और यह जान गयी है कि जितने उसके सामने हैं, सब नाकारा हैं।

उन पर उसका भरोसा नहीं है। यह खास बात है। वह उससे आगे-पीछे का हिसाब माँग रही है। आप हिसाब खा गये हैं। गनीमत है कि उसने आपका बहिष्कार ही किया है अभी।

राजनीति से उसका यह अलगाव तब है, तब जनता हर तीसरे वाक्य में राजनीति बोलती है। यह राजनीति की शिफ्ट है। अब जनता ही नेता है। वह खुद को चुनती है।

महाकवि ब्रेख्त ने एक कविता में जब जनता एक तानशाह को पसन्द नहीं करती तो तानाशाह नाराज होकर कहता है : यह जनता अपने काम की नहीं है, इसलिए अपने लिए 'नयी जनता बना लो'। उत्तर राजनीति और उत्तर की जनता का यही सम्बन्ध है।

आगे क्या होगा? बेख्त की कविता पढ़िए या रघुवीर सहाय की 'लोकतन्त्र का अन्तिम क्षण है कह कर आप हँसे' वाली कविता पढ़िए। उत्तर जनतन्त्र के कुछ लक्षण मिल जाएँगे।

3 मई, 2009

तू और तेरा समय

हिन्दी लेखक अपने अलावा अपने समय पर बातचीत करने का शौकीन है। आप ने 'हैलो' कहा नहीं कि वो शुरू हुआ नहीं। अपने बारे में सोचना अपने समय के बारे में सोचना होता रहता है। कविता सोचती रहती है। कहानी सोचती रहती है। लेख सोचते रहते हैं। पिछले पाँच हजार साल से लेकर पिछले पचास-साठ साल का इतिहास इसी सोच का इतिहास है। आजादी के बाद का दौर यानी समय या अवधि सोच की अवधि है। आप सोचते हैं कि अब तक हिन्दी वालों ने बहुत सोच लिया है और अब तो कुछ काम-धाम करता होगा हिन्दी का लेखक! लेकिन आप पाएँगे कि वो अब भी सोच रहा है। हिन्दी वाला बहुत सोचता है। सोचना उसकी बीमारी है। जिसे देखो कहता पाया जाता है कि इस मामले में 'मेरी सोच' यह है। सोचते-सोचते उसने सोचने की क्रिया तक को स्त्रीलिंगी बना दिया है जैसे सोच उसकी बीवी या बकरी हो। सो सोचना हिन्दी पुल्लिंगी बरता जाता है, लेकिन आजकल हर आदमी सोचते सोचते 'अपने सोच की' सोचता है। सोच से इतना जुड़ा बन्दा किसी महाद्वीप में नहीं मिलता।

हिन्दी वाला जान गया है। अगर अपने सोच से नहीं जुड़ा तो कवि तो होने से रहा, इसलिए वह पहले राउंड में ही जुड़ जाता है। वह जान गया है कि कवि होना, कथाकार होना पर्याप्त नहीं है, बल्कि 'सोचक' या 'चिन्तक' होना भी जरूरी है। इसलिए हिन्दी में जितने कवि कथाकार हैं 'चिन्तक' बन चले हैं। ऐसे तमाम लोग चिन्ता में लीन रहते हैं। वे अपने बारे में और अपने समय के बारे में अक्सर सोचते मिलते हैं। वे गम्भीर अति गम्भीर, सुपर गम्भीर, नजर आया करते हैं। पुराने शास्त्रीय नायक के बारे में बताया गया है कि उसे धीर-वीर-गम्भीर होना माँगता।

बहुत पहले सोचने की इस व्याधि को एक यूरोपीय दार्शनिक ने ईजाद किया। मॉडर्न मैन ज्ञानोदयी मानव के बारे में बहुत सोच-विचार कर कह डाला कि चूँकि मैं सोचता हूँ, इसीलिए मैं हूँ। यूरोप में सोचने के इस खेल में रेनेंसाँ हो गया। मॉडर्न एज निकल गयी और पोस्टमॉडर्न तक आ गये, लेकिन अपने यहाँ अभी तक बन्दा सोच पर अटका पड़ा है। मानो यकीन दिला देना चाहता हो 'इसीलिए वह है'। उसकी पाँच हजार साल की परम्परा है। वेदों में सब सब समय सोचते ही रहते हैं।

हिन्दी का लेखक जो सोचता है, वही दूसरी भाषा वाला भी सोचता है। जब हिन्दी वालों ने ढेर सारे पीएम दिये हैं तो 'सोच' न दिया होगा? जो हिन्दी में होता है, दस साल बाद दूसरी भाषाओं में होता है। इसलिए हिन्दी का लेखक समय के बारे में समाज के बारे में आगे-आगे सोचता रहता है। अंग्रेजी में 'थिंकटैंक' हो गये तो हिन्दी में 'सोच की लुटिया' भी नहीं हो सकते क्या?

हिन्दी का लेखक अक्सर मैं-मैं करता हुआ अपने समय के बारे में बात करता है और भूल जाता है कि वह समय से या तो आगे है या पीछे है। जब आप समय के आगे-पीछे होंगे तो किसको अपना ठीक समय बताएँगे? सो सोचना सबसे सुरक्षित है। कोई पूछे तो कह देंगे सोच रहे थे।

अक्सर पत्रिकाएं और अखबार हिन्दी वालों के समय के बारे में, उसके बारे में, सोच के बारे में पूछते रहते हैं।

हम तो कहेंगे कि ऐसे-ऐसे तमाम आइटमों का नाम चाहिए 'मैं और मेरी घड़ी'। समय और सोच के बारे में यही सही है। बिन्दास जानता है कि हिन्दी वाले को कहोगे तो पहले न करेगा फिर दस साल बाद मानेगा। हिन्दी में अक्सर दस-पाँच साल बाद बन्दा अपने वक्त पर आता है।

अपना प्रस्ताव है। ऐसे फीचरों का एक शीर्षक हो सकता है 'मैं और मेरा टाइम।' वैसे सही जमेगा 'तू और तेरा टाइम'। आज के तुरन्ता समय में 'मैं और मेरा घण्टा' 'मैं और मेरे मिनट' 'मैं और मेरे सेकेंड' भी हो सकता है। बोरियत से बचने के लिए अगर कुछ दिन लेखक बताये कि उसका घण्टा, मिनट, सेकेंड कैसा रहा तो कुछ आसन्नता बनेगी। लेखक सामयिक होगा।

हिन्दी में सामयिक और समकालीन और देशकाल सब एक भाव से चलते हैं। उसी अर्थ में कवि, कथाकारों का समय चलता है। हिन्दी में सामान्यीकरण की असामान्य क्षमता है।

कोई मौलिक आइडिया दीजिए। देखते-देखते सबके हाथ में पड़कर वह एक रुपये का चिल्लर नोट बनकर इतने हाथ बदलेगा कि पहचाना न जाएगा और रद्द हो जाएगा।

हिन्दी वालों ने समय का और सोच का भी यही हाल किया है। अपनी इस दुर्गति को देख 'समय' हिन्दी से अपनी मुक्ति का टाइम माँगने लगा है। कह रहा है हिन्दी वाले ये रहा तेरा घण्टा। मैं चला।

17 मई, 2009

ये दिल कैसे दे दूँ?

सोलह मई की सुबह दस बजकर दस मिनट के बाद से ये दिलेनादां पूछता फिर रहा है : ये दिल किसको दूँ? किसकी पूजा अरचा करूँ? इस दिल में उमड़ती श्रद्धा को किसके चरणों में निवेदित करूँ? किसकी नवधाभगति करूँ? सगुणोपासना करूँ? किसे अपने मन का आदर्श कहूँ? किसे देवता मानूँ? किसे आदर्श कहूँ? इस लेखक का दिल पुरानी हिन्दी फिल्म के टाइटिल के बहाने नगरी-नगरी द्वारे-द्वारे पूछता फिर रहा है : ये दिल किसको दूँ? माया बहन को तो अब नहीं ही देना है! कम-से-कम पाँच साल तक तो नहीं सोचना है। बहन जी, अज्ञेय जी कह गये हैं : ये उपमान मैले हो गये हैं। देवता इन प्रतीकों से कर गये हैं कूच! हे पाठकजन! आपसे इस बेईमान दिल की किस-किस करनी की कहें? सोलह मई की उस मनहूस सुबह से पहले तक हिसाब लगाता रहा कि माया बहन का तीसरा मोरचा अब आया कि तब आया और अपने दिन फिरे, बहन अपनी पश्चिमी यूपी की हैं। लिंक निकल आएगा। उनके सोशल इंजीनियरिंग का फायदा इस लेखक को भी नसीब होगा। तिस पर अपने पुराने कामरेड लोग संग होंगे। लेकिन मुई सोलह मई ने तीसरे मोरचे को ही नहीं लात मारी, हमारे भाग का चूल्हा भी फोड़ दिया! ये सोलह मई के मनहूस दिन तूने सब कुछ बदल डाला। तेरे पहले तक यह अवसरप्रिय मन मुलायम-अमर-लालू-रामविलास के चतुर्मुखी रूप को नित्य निहारता, मुग्ध होता रहता और अपनी पुंश्चली श्रद्धा का चालीस फीसदी चौथे मोरचे को लुटाता रहता। लगता कि अब दिन बहुरेंगे। ब्रजभाषी होने के नाते मुलायम जी सुध लेंगे एक दिन और जिन्दगी बन जाएगी। लेकिन मुई सोलह मई ने घोर गरमी में आशाओं पर तुषारापात कर डाला। दिल देने लायक नहीं छोड़ा। आखिर आखिर तक 'वह एक और मन रहा राम का जो न थका' का जाप करता हुआ अपना अंडरग्राउंड दिमाग' अगर कोई नहीं है तो आडवाणी ही सही' वाली तर्ज पर आडवाणी जी को दिल देने की तैयारी कर ही रहा था कि इतिहास को यह भी गवारा न हुआ। वहीदा रहमान ने 'कागज के फूल' में जो दर्द भरा नगमा गाया था वह गम की इस घड़ी में याद आया : 'वक्त ने किया क्या हसीं सितम, हम रहे न हम, तुम रहे न तुम!'

तब इस घनघोर दुराशा दुष्ट दशा में, इस अँधेरे में, घोर संकट के इस प्रहर में

अपना ये छटांक भर का चूहाचोर दिल किसे दूँ? कौन है जिसे पूज्य मानूँ?

जनता ने उन्हें मन्दिर दिया, न मन्दिर का ओसारा दिया। ऐसी बेकार जनता ने एक लेखक के संग वही किया जो एक बेतुकी जनता कर सकती है। ऐ बेतुकी जनता जरा देख तो इतने रथी-महारथी, इतने बाहुबली, इतने वाक्बली, इतने ताक बली, इतने छली, इतने वीर बहादुर इतने-इतने पराक्रमी सब के सब कागजी पहलवानों की तरह उड़ गये। लेकिन अपना बेशर्म दिल है कि मानता नहीं है इतनी मार खाने के बाद भी पूछता है : कस्मे देवाय? किसको? ममता दी को?

पंडितजी कहा करते थे न कि पिछले जन्म के कर्म सामने आते हैं न। अब सोच-न वामपंथी होता न परेशान होता। ममता शरणम गच्छामि हो जाता! वह सत्ता विरहित मन हर्षा जाता।

ऐसे में करुणानिधि-दयानिधि की याद आना स्वाभाविक है। आ रही है, सोचता हूँ कि इधर की दिल की लुटिया उड़ेल दूँ।

लेकिन हिन्दी वाला हूँ। इनसे कैसे निभेगी? तो यह रास्ता भी बन्द है। शरद पवार या अपने पुराने मित्र डीपीटी को शायद दिया जा सकता है। यो फारुख-उमर अब्दुल्ला बुरे नहीं। तभी दिल कहता है तू बावला है, पंजी रस्सी पर मरता है। अरे अगर देना ही है तो जो सबका दाता है उसे दे? अगर उसकी झाड़न फटकन भी पल्ले पड़ गयी तो तेरे नसीब बन जाएँगे। मन हुआ कि मनमोहन को दे दूँ! नाम मनमोहन, काम मनमोहन, दाम मनमोहन! तिस पर भौत बड्डा अर्थशास्त्री। चोखा। चंगा बन्दा! साफसुथरा। लेकिन तब सोनिया जी को क्यों न जपूँ? वे बहुत बिजी तो राहुल भैया तो कहीं गये नहीं हैं। खुले दिल वाले हैं। वे जरूर मेरे इस खुले दिल के नैवेद्य को स्वीकार करेंगे। युवा लोगों को चाहते हैं। हिन्दी के सारे साहित्यकार चिरयुवा होते हैं। जिन्हें उम्र बूढ़ा दिखाती है वे अस्सी-पिचासी के पार होकर भी गोदरेज हेयर डाई संडे के संडे लगाकर 'चिर युवा' बने रहते हैं। राहुल भैया! हिन्दी साहित्य में कोई खुद को किसी लड़की से अंकल तक कहलाना तक पसन्द नहीं करता। हिन्दी का अस्सीसाला भी युवा भाव की कविता कहानी लिखा करता है। युवाओं का युवा होता है वह। आप इनका न भूलना जी! इनमें भी इस चिर बिन्दास को न भूलना जी! आपसे कुछ खास नहीं चाहिए। एक पद्मश्री, एक ठो पद्म भूषण विभूषण और मरने से पहले एक सीट राज्य सभा की! आप कहें तो आपके, आपकी सरकार के बधाए गाना शुरू कर दूँ बस आपके संकेत की देर है।

बॉस एक बार संकेत दे देना और फिर देखना कि यह कलम राणा के घोड़े चेतक की तरह आपकी सेवा में लग जाएगी। राणा की पुतली फिरी नहीं तब तक चेतक मुड़ जाता था! आपके कृपाकटाक्ष का आकांक्षी,

एक फटीचर बिन्दास दिलवाला

31 मई, 2009

मैकाले पब्लिक स्कूल

हिन्दी साहित्य क्या है?/हिन्दी वाले के लिए वह एक 'पब्लिक स्कूल' है।/अंग्रेजी वाले के लिए वह एक अलंकार है। अंग्रेजी वाला हिन्दी में अलंकृत दिखने के लिए हिन्दी में आने को तरसता है। हिन्दी वाला 'पब्लिक स्कूली' दिखने के लिए अंग्रेजी की प्रैक्टिस करता है।

अंग्रेजी वाले को मालूम है कि हिन्दी में लोग 'पढ़ते' हैं। चरचा करते हैं। इसमें बड़ा रस रहता है। वह जानता है कि हिन्दी वाले का अंग्रेजी में हाथ जरा तंग रहता है। वह हिन्दी अंधभक्त होता है। अंग्रेजी वाला हिन्दी वाले को अपनी शुद्ध हिन्दी से चकित करता है। और एक दिन वह हिन्दी में 'योगदान' करने के लिए मचल उठता है। एकाध सत्संग, एकाध गोष्ठी के बाद 'गुंताड़ा' बिठा लेता है कि हिन्दी को अब उसकी 'वाकई जरूरत' आन पड़ी है। उसके पास अंग्रेजी का ज्ञान है/यह दर्द उसका दिल ही जानता है कि अंग्रेजी में उसकी कोई पूछ नहीं, हिन्दी वाले उसे अक्लमंद मानना चाहते हैं/कोई अचानक कह उठता है : आप हिन्दी में आइए न! इतने दिन से बाहर-बाहर क्या खड़े रहते हैं, हिन्दी को अपकी जरूरत है। आजकल हिन्दी वाले हिन्दी कहाँ जानते हैं? सत्यानाश करके रख दिया है।

जिस दिन ऐसा मित्र संवाद होता है, वह हिन्दी के किसी रचनाकार या समस्या का उद्धार करने को मचलना शुरू कर देता है। एक बार उसने कुछ बोल दिया या लिख दिया तो हिन्दी वालों के बीच 'अह अह भाव' का विषय बन जाता है।

इस तरह हिन्दी अंग्रेजी के लिए 'अलंकार' है। अंग्रेजी का गुप्त श्रृंगार है। अंग्रेजी वाला 'हिन्दी सज्ज' होकर अंग्रेजी से हिन्दी में आवाजाही करने लगता है। सुबह अंग्रेजी में टहलता है। शाम को हिन्दी में डकार लेता है। धीरे-धीरे उसे अपनी 'हिन्दी बेल्ट' याद आने लगती है। जो प्रायः भोजपुरी निकलती है। भोजपुरी नहीं तो कोई और पूरबी होती ही है।

इतिहास कहता है कि हिन्दी साहित्य में इस तरह के अंग्रेजी वालों का अनन्य योगदान है। सबसे पहले हिन्दी की खोज अंग्रेजो ने की। अंग्रेजों ने ही की और मैकाले जैसा बन्दा दिया।

यहाँ से हिन्दी में पंगे वाली बात आ रही है। यह लेखक जो लिखेगा उसे कई

हिन्दी वाले अंग्रेजी की गुलाम जहनियत का दुष्फल बतावेंगे। अब जो बतावें सो बतावें। अपने मन की कहने से क्या डरना?

बिन्दास का दुष्ट मन इस वक्त दूर की कौड़ी लाने का दुस्साहस करने जा रहा है। हिन्दी में अंग्रेजी की, अंग्रेजी वालों की उक्त आवाजाही और उदारता को देखकर उसे लगता है कि हिन्दी को यह सब आदरणीय लॉर्ड मैकाले का अवदान है। इसके लिए हिन्दी को मैकाले का धन्यवादी होना है। उसकी निन्दा करना छोड़ उसके अवदान की चरचा करनी चाहिए। मानना चाहिए कि हिन्दी को आधुनिक भाषा बनाने में उसका बड़ा योगदान है।

उफ! आज बिन्दास के कम्प्यूटर से यह सच कौन-सा आइडिया बिना उसके चाहे निकला जा रहा है कि आज इतिहास के इस आपत्तिजनक सच को कह ही डाले कि हिन्दी भाषा के लिए मैकाले ने जगह बनायी और हिन्दी साहित्य की शुरुआत, अंग्रेजी कल्चर को फैलाने वाले, कट्टर हिन्दीवादियों के बीच नित्य निंदित, 'धूर्ताधिराज' लार्ड मैकाले ने की!

कैसे?

इसके लिए मैकाले के मिनट्स देखने की जरूरत होगी। देखेंगे तो जानेंगे कि मैकाले ने जो शिक्षानीति बनायी, उसमें स्थानीय वर्नाकूलर्स की तरहीज देने की बात कही! वे अरबी-फारसी को सरकारी संरक्षण और वजीफा देने के खिलाफ थे। मानते थे कि वे जो सिखाती हैं, उनसे धार्मिक कर्मकाण्डी, बन्द दिमाग आदमी बनता है।

अगर यह नीति न होती तो हिन्दी साहित्य का कोई नाम लेवा न होता। अंग्रेजी वालों ने हिन्दी भाषा और साहित्य की खोज की। कई नाम ऐसे हैं, जो मैकाले की गली से आए और हिन्दी में बस गये। उनकी महत्ता सब मानते हैं लेकिन कई मैकाले की नीति नहीं मानते। कितनी गंदी बात है! 'गुलगुलों' को 'गुड' कहते हैं और जो 'गुड' है उसे बैड कहते हैं।

ग्रियर्सन, गिलक्राइस्ट से लेकर सलमान रश्दी और विक्रम सेठ तक और अपने हिन्दी साहित्य में 'विमल बी.ए. पास' से लगाकर अपने रामविलास शर्मा तक सारे के सारे मैकाले के अवदान हैं। इन दिनों हिन्दी में अपनी एम. ए. अंग्रेजी लेकर आने-जाने वाले लोग इसी परम्परा में आते हैं।

और क्यों न आएँ?

ये युग 'अन्तरानुशानिकता' यानी इंटरडिसिप्निरिटी का युग है। अब कोई विद्या 'अकेली' नहीं है। कोई भाषा अकेली नहीं, अपने आप में कोई गुप्त सुरंग नहीं। सारे ज्ञानानुशासन और भाषाएँ दुकेली-चौकेली हो रही हैं।

यही हिन्दी का 'मैकाले पब्लिक स्कूल' है।

14 जून, 2009

हँसना मना है

स्वाइन फ्लू के इन दिनों में एक दिन अचानक हिन्दी के कुछ लोगों को गम्भीरता का दौरा पड़ा और सदा की भाँति वे एक गम्भीर बयान देने को उन्मुख हो उठे। विदूषक के बारे में उनकी घृणा का तमाशा देख विदूषक वृत्ति के समाजशास्त्र और इतिहास पर नजर गई तो लगा कि गम्भीरता के बीमारों को हास्य और विदूषकत्व के बारे में कोई खास जानकारी नहीं है। एतदर्थ सविनय निवेदन करने का मन हुआ। एक दिन अकबर बादशाह ने हुकुम फरमाया कि हँसना मना है। बीरबल इस पर हँसने लगा। अकबर बादशाह पूछने लगे कि जब मना किया गया है तो तुम क्यों हँसते हो? बीरबल बोला कि हजूर इसीलिए हँस रहा हूँ कि आपकी बात ही कुछ ऐसी है। क्या बात है? जल्द बताओ। अकबर ने कहा। बीरबल बोला हजूर जान बख़्शें तो कहने की गुस्ताखी करूँ। अकबर की हाँ देख बीरबल ने उधर इशारा किया जिधर उनकी रानियाँ बैठी हुई थीं, जब बादशाह ने देखा तो पाया कि वहाँ एक छिपी हँसी बिखरी थी। इसे देख बीरबल हँसता रहा...हँसता रहा...हँसी को सुन कर सब सभासद पहले कुछ देर तक डरे रहे, फिर हँसने लगे और हँसते रहे, आखिरकार बादशाह भी हँस पड़े। बादशाह का हुकुम भी अपने ऊपर हँसने लगा।

यह अकबर बीरबल विनोद छाप एक किस्सा है। जिस समाज का बादशाह अकबर, बीरबल जैसे दरबारी को उसके वाक्‌चातुर्य और परिहासवृत्ति के लिए मान देता हो, उस समाज के सांस्कृतिक जनतन्त्र को आप कम करके नहीं आँक सकते। दक्षिण में कृष्णदेव राय के समय में तेनालीराम हुए। गजब की होशियारी, वाक्‌चातुर्य था, हाजिर जवाबी थी और विनोद-विनोद में हर समस्या का हल बताते थे। हर भाषा में, हर सांस्कृतिक समूह के अपने-अपने बीरबल अपने-अपने तेनालीराम होते हैं। शेख चिल्ली, गोनू झा, गोपाल भाँड, लाल बुझक्कड़ आदि ऐसे ही विनोदी वृत्ति वाले किस्सागो व्यावहारिक नसीहत देकर मनोरंजन करते नजर आते हैं। यह एक सम्पन्न वाचिक सांस्कृतिक परम्परा है, जिसमें एक-से-एक विदूषक जोकर, क्लाउन/भाँड/आदि सक्रिय रहते हैं। उनके किस्से, उनकी हरकतें सुनी-सुनाई जाती रहती हैं। यह चौपालों पर, निजी गोष्ठियों में बनते रहते हैं। इनमें बहुत कुछ जुड़ता घटता रहता है। व्यापक समाज अपने आप इन्हें पैदा करता और संरक्षित करता रहता है। सेन्ट्रल

एशिया के निजंधरी मजाहिया जनशिक्षक बने मुल्ला नसरुद्दीन का क्या कहना, जो अपने गधे के साथ घूमते हुए बात-बात में व्यावहारिक मजाक करते रहते और सबक सिखाते रहते। बुल्गारिया साहित्य के विद्वान प्रोफेसर एस. के विज. ने बुल्गारिया में एक हुए, एक जन चरित्र चतुर पीतर के किस्सों का अध्ययन किया तो पाया कि ऐसे चरित्र असल में 'सबवर्सिव' होते हैं और कुछ खास सामाजिक स्थितियों में बना करते हैं। वे अपनी बात इस तरह कहते हैं कि ताकतवर को तमाचा भी लग जाए, लेकिन वह भी उस चतुराई का लोहा मान जाए और कुछ कर न सके। ऐसे चरित्र प्रायः कमजोरों की वाणी होते हैं। इसी तरह यूरोपीय साहित्य में 'फूल' 'ईडियट' क्लाउन आदि के चरित्र बात-बात में कुछ-का-कुछ अर्थ देने वाली हास्य-व्यंग्य, वक्रोक्ति कर अपने कीमत पर दूसरों को हँसा कर राहत की जगह पैदा करते हैं। संस्कृत नाटकों में इस तरह के विदूषक मौजूद हैं।

संरचनावादी विद्वान मिखाइल बाख्तिन ने वह ऐतिहासिक अध्ययन किया और बताया कि विदूषक का क्लाउन या जोकरों द्वारा कार्नीवाल में खेली जाती भडेंती, चुटकुले, व्यंग्यात्मक कमेंट आदि जिस जन-हास्य की सृष्टि करते हैं, वह 'सबवर्सिव' होता है। उसे सत्ता से, व्यवस्था से, तन्त्र से इजाजत नहीं मिलती, लेकिन वह हँसी-हँसी में अपनी जगह बनाता रहता है। जन-हास्य किसी सत्ता की आज्ञा का या मान्यता का मोहताज नहीं होता। कार्नीवाल, नुमाइशों, प्रदर्शनियों, मेले जनक्षेत्र/पब्लिक-स्पेस/होते हैं। कार्नीवाल में लाफ्टर या हँसी एक बड़ी सार्वजनिक क्रिया होती है, जो जिन्दगी और कला के बीच की दीवार को गिरा देती है। तानाशाह वृत्ति के लोग प्रायः हास्य को पसन्द नहीं करते। हिटलर के समय में बर्तोल्त ब्रेख्त का हास्य-व्यंग्य फासिज्म के खिलाफ एक बड़ी सबवर्सिव कार्रवाई थी। इन दिनों पाकिस्तान के जरदारी साहब ने एसएमएस पर, इंटरनेट पर अपने बारे में बनते मजाकों, चुटकुलों को अपना निशाना बनाया है।

इस नाटकीय गम्भीरता में एक तानाशाह मंशा सक्रिय लगती है जो अपनी सांस्कृतिक रुचि को सबकी रुचि बनाने पर तुली है, जो हास्य से इस कदर परहेज करती है कि हँसी आती है! हास्य अपनी जन-हँसी में गम्भीर हो सकता है और गम्भीर जी हास्यास्पद हो सकते हैं।

9 अगस्त, 2009

पहचानें पहचान के मर्म को

कोक की पहचान है। पेप्सी की है। यहाँ तक कि दिल्ली विश्वविद्यालय में गर्मियों में मिलने वाले लोकल पेय 'बंटे' की भी अलग पहचान है।

जूतों की अलग भाषा है। कोई अपना नाम नाइकी बताता है, कोई जूता अपने परिचय-पत्र को देते हुए कहता है कि वह 'आदिदास' है, कोई ली कूपर बतावे है! कोई वुडलैंड जतावे है! मोबाइल की अपनी ठसक है। एक मिनमिनाता है—मैं नोकिया हूँ। तो ब्लैकबेरी गुर्राता है कि अबे हट बे चीप! और वह तोल में बिककर करोलबाग के मोबाइल बाजार से पाँच सौ में निकलकर श्याम बेनेगल की फिल्म 'वेलकम टू सज्जनपुर' में वेलकम करता है।

किस-किस आइटम की पहचान गिनाएँ। एक दुकान में खड़े हो जाइए जितने आइटम उतने नाम, उतनी पहचान, उतनी पैकिंग, उतनी ब्रांड ब्रह्म के नामों से भी ज्यादा जलवा है ब्रांडों का। कमीज अपने पहनने वाले से पहले अपना परिचय-पत्र पकड़ाती है—हलो! मैं रोहित बल की हूँ। लहँगा कहता है—मैं रितु बेरी का हूँ।

कानपुर वाले 'ठग्गू के लड्डू' तक की पहचान 'बबली और बण्टी' ने सबको जता दी तो टुण्डे के कबाब और फत्ते की कचौड़ी भी है। खुर्जे की खुरचन तो राये का सोन हलवा, मथुरा के पेड़े तो अलीगढ़ की बालूशाही! पहचान में परम्परा की ही जान है।

मूँछों तक की पहचान होती है। फिल्म 'शराबी' के चुन्नी लाल को अगर अमिताभ अपने मज़ाकिया संवादों में बार-बार नहीं कहते कि मूँछें हों तो चुन्नी लालजी की वरना न हों! पूँछ की पहचान के तो क्या कहने। याद नहीं क्या?

हनुमान की पूँछ में लगन न पाई आग
सारी लंका जल गई गए निशाचर भाग!

पहचान का मामला नाजुक है। फोन पर बन्दा अपना नाम बताए बिना सबसे पहले कहता है। पहचान कौन? बताइए अमीन सायानी की आवाज या अमिताभ की आवाज हो तो पहचानें 'सुकवि कलरव जी' की आवाज कैसे पहचानें!

सड़क चलता आदमी आपसे टकराता है तो कहता है, जानता नहीं, मैं कौन हूँ? साहित्यकार कहता रहता है, देखी नहीं मेरी कविता! आप इस गज़ब के 'पहचानशास्त्र'

का इतिहास पढ़ते जाइए, आप खुद एक पहचान में एक ब्राण्ड में तब्दील हो जाएँगे। कैसी आफत है!

हिन्दी साहित्य के भक्तिकाल में पहचान का सवाल इतना विकट ही नहीं था। सूर तुलसी के सामने 'अपनी पहचान' की समस्या ही नहीं थी। कोई पूछता कि हे तुलसीदास जी! आप कौन हैं? कोई आई कार्ड? तो तुलसी दासजी कहते मैं तो राम का दासानुदास हूँ। राम ही मेरी पहचान बता सकते हैं कि मैं कौन हूँ।

जब से 'कलजुग' आया तब से पहचान का बाजार गरम हुआ और राजनीतिक पहचान के 'कलजुग' ने तो राम को ही राजनीतिक ब्राण्ड बना डाला!

साधुयुग में साधुजन कहा करते थे—

जात न पूछो साधु की पूछ लीजिए ज्ञान
मोल करो तलवार का पड़ा रहन दो म्यान

अब तलवार हो न हो म्यान का मोल बढ़ चला है। म्यान माने कवर।

पैकिंग। पैकिंग ही नाम है। नाम ही ब्राण्ड है। ब्राण्ड ही पहचान है। ब्राण्ड का जादू जटिल और बड़ा सम्मोहक है। आप अपनी ब्राण्ड पर मरते हैं। ब्राण्ड को पहनते हैं। ब्राण्ड के बिना मर तक सकते हैं।

दिल्ली के ट्रैफिक घमासान में सड़क पर मारुति आठ सौ अपनी पहचान छिपाती है। होण्डा है, होड़ में आगे निकलना चाहती है कि बाजू से 'मर्क' दुत्कारते निकल जाती है कि आगे उसे फेरारी ललकारती मिलती है कि बाजू हट!

कुछ पहले तक आदमी की पहचान खोई हुई बताई जाती थी। महानगर में आकर आदमी अक्सर अपने को खोया हुआ बताया करता था। हिन्दी के प्रख्यात कथाकार कमलेश्वर ने इसी थीम पर 'खोई हुई दिशाएँ' कहानी लिखी। मुक्तिबोध की कविता 'अँधेरे में' का नायक अपनी ही जिन्दगी के अँधेरे बन्द कमरों में चक्कर लगाता रहता है, उसे अपनी अस्मिता नहीं मिल पाती।

बॉम्बे को मुम्बई कहिए। पोण्डिचेरी को पुदुचेरी कहाइए। कलकत्ता को कोलकाता बताइए, बंगलौर को बेंगलुरू कहिए। अब उड़ीसा को ओडिशा कहिए। बात ठीक है, पहचान की जरूरत बढ़ रही है जातीय अस्मिताओं की आवाजें बढ़ रही हैं। इन दिनों अस्मिताओं का राजनीतिक बाजार गर्म है।

गरीबी की रेखा के नीचे रहने वाले अठाइस करोड़ में दस करोड़ जुड़ गए। अब अड़तीस करोड़ हो गए।

इसे देख एक गरीब बोला—मुझ अनाम को अनाम ही रहने दो, बाबा कोई नाम न दो! लेकिन गरीब को नहीं मालूम कि वही सबसे बड़ा ब्राण्ड है। उसका ही बाजार है!

1 नवम्बर, 2009

नाम में क्या रखा है?

ये दिन शहरों और राज्यों के 'नामकरण' के दिन हैं। जिस तरह बच्चों का 'नामकरण संस्कार' हिन्दू समाज में स्वीकृत सोलह संस्कारों में एक बड़ा संस्कार माना जाता है, उसी तरह आजकल नगरों, शहरों, राज्यों के 'नामकरण संस्कार' का चलन बढ़ने लगा है। राज्यों को, उनकी राजधानियों को, उनकी मुख्य भाषा को अपने असली या मूल नामों से जोड़ा जा रहा है। कई का नामकरण किया जा चुका है, कई का होना है।

मद्रास महानगर का नाम बदलकर 'चेन्नई' किया गया। उसके पीछे 'द्रविड़' संस्कृति और पहचान की दावेदारी थी। इसी तरह कलकत्ता को 'कोलकाता' किया गया, तो उसके पीछे राज्य में रहने वाली मुख्य बंगाली जनता की मूल बांग्ला सांस्कृतिक पहचान की, नगर-नाम के सही बांग्ला उच्चारण पर जोर दने की कामना रही। बाम्बे का नाम बदलकर 'मुम्बई' कराने के पीछे भी मराठी अस्मिता का जोर रहा। बंगलौर का नाम बदलकर 'बेंगलुरु' कराने के पीछे स्थानवादी विशेष सांस्कृतिक पहचान का दावा रहा। पॉन्डिचेरी को 'पद्दुचेरी' करने के पीछे भी सांस्कृतिक मंशा काम करती रही। पश्चिम बंगाल का नाम बदलकर बांग्ला करने की अर्जी केन्द्र के पास दस साल से पड़ी है। पश्चिम बंगाल का नाम भी किसी दिन 'बांग्ला' हो ही जाएगा। 'उत्तरांचल' ने अपना नाम बदलवाकर 'उत्तराखण्ड' करा लिया है। उत्तराखण्ड आन्दोलन के नाम से ही आन्दोलन किया गया था।

यह प्रक्रिया स्थानवादी और भाषागत विशेषता के आधार पर अपनी भाषा में अपना नाम सबसे 'बुलवाने-लिखवाने' और इस तरह एकरूपी भूमण्डलीयता में अपनी सांस्कृतिक पहचान को खोने से बचाने की सांस्कृतिक कोशिश कही जा सकती है। स्थानीयवादी सांस्कृतिक पहचान की राजनीति करने वाले समूहों की आपसी स्पर्धाएँ इसको गति देती हैं। अंग्रेजी के वर्चस्व के बरअक्स अपनी भाषा का, अपनी विशेष पहचान का वर्चस्व स्थापित करना इस तरह के अभियानों का लक्ष्य नजर आता है। इस प्रक्रिया को साठ के दशक में शुरू हुए भाषावार राज्यों के निर्माण प्रकरण का दूसरा राउंड कहा जा सकता है। देशज नामकरण की आकांक्षा उत्तर औपनिवेशिक पहचान दावे की तरह है, जिसमें अवशिष्ट राष्ट्रवाद, उपराष्ट्रवाद और

तत्सम्बन्धित पहचान के आग्रह सक्रिय हैं। नामकरण की राजनीति और समकालीन स्पर्धात्मक 'ब्रांडिग' में कुछ-कुछ उत्तर आधुनिक कारण भी सक्रिय हैं।

नामकरण की इस पॉपुलर राजनीति के पीछे यह सरल लोकप्रिय विचार सक्रिय है कि नाम बदलने से अपनी विशेष पहचान स्थापित हो सकती है। समाज, जो पश्चिमी संस्कृति की चपेट में अपनी पहचान खोते जा रहे हैं, अपनी पहचान का मूल्य समझकर उसकी स्थापना के लिए सजग हो सकते हैं। पहचान के ये आग्रह गरीबी, बेरोजगारी, अशिक्षा, अस्वास्थ्य की समस्याओं को प्राथमिक न मानकर अस्मिता को प्राथमिक मानते हैं। ये शायद इन समस्याओं का हल अपनी पहचान के भीतर ही करना चाहते हैं। यह भूमण्डलीयता में विशेष पहचान के खो जाने के डर से उपजी समाजों के संकुचन की नीति का परिणाम लगता है। यह सार्वत्रिक है। यह एक प्रकार की समाजशास्त्रीय प्रक्रिया है। समाज-मनोवैज्ञानिक प्रक्रिया है। इसकी जान हिन्दू समाज के सोलह संस्कारों में एक बुनियादी संस्कार 'नामकरण' संस्कार में है। इस अर्थ में नामकरण के नये अभियानों के पीछे कहीं-न-कहीं हिन्दू सांस्कृतिक अस्मिता के चिह्न भी सक्रिय नजर आते हैं, जो एक तरह से इतिहास से मिले नामों को पराया मानकर अपने किसी मूल नाम-पहचान में लौट आना है। कहने की जरूरत नहीं कि नाम का अपना महात्म्य है। भारतीय समाज में, उसमें भी हिन्दू समाज में नामकरण की संस्कृति बहुत पुरानी है। यहाँ तो माना जाता रहा है कि नाम ही सारे लक्षणों का, गुणों का परिचायक होता है। 'यथा नाम तथा गुण' की कहावत चलती है। लेकिन कलजुग में 'यथा नाम तथा गुण' का फार्मूला नहीं चलता, बल्कि 'नाम बड़े और दर्शन् छोटे' का फार्मूला चलता है।

कुछ आधुनिक किस्म के लोग भले मानते रहें कि 'नाम में क्या रखा है', तो भी, अपने समाज में नाम के बिना काम नहीं चलता। यहाँ नाम ही असली 'पहचान' है। नाम आदमी की जान है। यह समाज शब्द-साधक, या कहें संज्ञा-साधक समाज रहा है। एक शब्द इधर से उधर हुआ कि अर्थ का अनर्थ हुआ और सारा गुड़-गोबर हुआ। सही नाम को लेकर सब लोग संजीदा रहते हैं, चाहे उनका नाम उनके किसी काम न आए। नाम से अपने यहाँ लोग यमराज तक को धोखा देते हैं। कहते हैं कि जिस घर में बच्चे होते ही मर जाते हैं, वे उनका नामकरण ऐसा करते हैं कि यमराज भी धोखा खा जाएँ। वे ऐसे मरासू बच्चे को अकसर घजियापन जताने वाला या जाति वाह्य निम्न जातियों में चलने वाला नाम देते हैं, जैसे 'घूरा', 'रहड़ा', 'खचेरा', 'घीसू', 'ढक्कन', 'चीमटा' आदि। माना जाता है कि यमराज आएँगे, तो पहले नाम-पते पर आएँगे। जब जातक का नाम 'घूरा' 'घसीटा' होगा, तो सही पते पर जातक को ढूँढ़ने में असफल रहेंगे। इस तरह छोड़कर चले जाएँगे। जातक बच

जाएगा। देखा नाम का जादू! नाम बदलना यमराज तक को धोखे में डाल देता है। नाम की लोक-संस्कृति है।

यह आम चलन है। सारी कवायद शुभ को आमन्त्रित करने और अशुभ को टालने के लिए है। इसके लिए नाम तक रखे और बिगाड़े जाते हैं। धोखा देने वाले नाम तक रख दिये जाते हैं। गाँवों-शहरों के नाम अलबत्ता व्यक्ति नहीं रखते। पुराने जमाने में अपने नाम को अमर करने के लिए राजा लोग रखा करते थे, लेकिन आम जनता में 'चलती का नाम गाड़ी' के हिसाब से ही नाम चलते हैं। जबसे गाँव, नगर, शुमारी हुई, तो सब नाम स्थिर हो गये। मुगलकाल में बादशाहों ने अपने जीते-नगरों को अपने नाम दिये। अपनी राजधानियों को अपने नाम दिये। अंग्रेजों ने भौगोलिक और पुरातात्विक सर्वेक्षणों में पुराने नामों को रिकॉर्ड किया और बहुत-से नये नाम दिये। बहुत-से नगर अपने नायकों की जनश्रुतियों से नाम और प्रसिद्धि पाते रहे। मुगलों के जमाने में बहुत-से हिन्दू बादशाह भी अपने नाम से नगर बसाते थे, नाम देते थे। यह नाम देकर अमरता कमाने, यश कमाने जैसा होता था। अंग्रेजों ने आधुनिक सटीक संचार, डाकतार सुविधा के लिए और आबादी के आकलन के लिए नामकरण स्थिर किए। आधिकारिक गजटों में ज्ञापित किए।

शुरू में जब स्थान का नामकरण होने लगा होगा, तो देश के दिशाबोध से तय हुआ होगा कि यह पूरब है, यह पश्चिम इत्यादि। फिर उस समाज, उस देश के रहने वालों की भाषागत सांस्कृतिक पहचानों के हिसाब से नाम धरे जाने लगे होंगे। मध्यकाल में विदर्भ, गौड़, पांचाल नाम इसी का परिणाम रहे हैं। पुराने नगरों के नाम राजाओं के नाम पर और विशेष सांस्कृतिक-धार्मिक पहचानों के आधार पर रखे जाते होंगे। उज्जयिनी, मगध, काशी, अवध...पता नहीं कितने नाम पुराण कथाओं में आते-जाते हैं। देखा गया है कि आदमी या स्थान अपना नाम स्वयं नहीं रखता। उसका नाम उसके 'दूसरे' ही रखते हैं। दूसरे जिस गुण-दोष से प्रभावित होते हैं, वही उसका 'लक्षण नाम' हो जाता है।

नाम के 'विमर्श' ऐसे ही होते हैं। नाम के विमर्श में राजनीतिक, सांस्कृतिक आशय निहित रहते हैं। नाम में सक्रिय 'विमर्श-तत्व' के प्रति हम ज्यादा सजग नहीं होते। किसी नगर की टेलीफोन डारेक्ट्री में अगर आप नाम देखें, तो आपको सबसे ज्यादा नाम हर समुदाय के देवी-देवताओं का मिथकीय देवों के नामों से आरम्भ होते मिलेंगे। इसी मानी में वे विमर्शात्मक होते हैं, क्योंकि हर नाम अपने को दूसरे से अलग करने का तरीका होता है। नाम व्यक्तिवादी होते हैं। समष्टि में व्यष्टि यही है। हर नाम अपनी विशेष पहचान, विशेष छाप, विशेष ब्राण्ड, विशेष चिह्न के साथ आता है।

नाम का बदलना गहरे सांस्कृतिक बदलाव का द्योतक है। जब गाँव के, नगरों के, राज्यों के नाम बदलने की बात होती है, तो वह घर के बालक का नाम बदलने

जैसी निजी-पारिवारिक क्रिया नहीं होती। वह एक राजनीतिक क्रिया होती है। उसमें विशेष राजनीतिक पहचान की अकुलाहटें जोर मारती हैं। गली, मुहल्लों, गाँव, नगर, राज्य और देशादि के नये नामकरण की प्रक्रिया में अनेक स्तरीय आग्रह, जिदें, मूल्य, विचार और पहचान की राजनीति काम करती है। इस समय यही फैशन में है। इसी अर्थ में यह समय 'जातिगत', 'धार्मिक', 'लिंगभेद मूलक', 'भाषाभेद मूलक' और 'स्थानभेद मूलक' पहचानों की तलाश का समय है। कल को इंडिया का नाम 'जम्बूद्वीप' या 'आर्यावर्त' या 'भारतवर्ष' करने की माँग उठ सकती है। दिल्ली को इन्द्रप्रस्थ करने की बात तो आती-जाती रही है। नई दिल्ली को रायसीना नगर बनाया जा सकता है। नामकरण के इस राजनीतिक धन्धे की लहर में हर नगर, हर गाँव, हर मुहल्ले का नाम बदल लीजिए, लेकिन जब तक आप अपने गाँव, नगर, राज्य की गरीबी, बेरोजगारी से नहीं निबटते, सिर्फ नाम बदलने से कुछ न होगा। याद रखें, अपने नाम को गूँथकर दो जून की रोटी नहीं बनाई जा सकती।

8 नवम्बर, 2009

लेखक के दुःख

इस लेखक के भी कई दुःख/सुख हैं। हे पाठक! इसके दुःख के आगे छिपे सुख को दुःख का 'गुणीभूतव्यंग्य' समझें। हर दुःख का दूसरा हिस्सा, सुख की तरह दुःखदाई है। इस परम दुःखवाची समय में इस तुच्छ के दुःख भी तुच्छ ही हैं। सबसे तुच्छ दुःख यही है कि उसे 'बीनना बेचना' पड़ता है। दुःख बीनकर बताते वक्त दुःख की एक आँख उस सुख पर लगी रहती है, जो दुःख के 'कहने' में आता है। दुःख के कहने के इस परम सुख के आगे दुःख का आधिक्य दूसरा सुख है। ऐसे तुच्छातितुच्छ दुःखों में से एक सुख तो यह है कि इन दिनों मैं अपने दुःखों के बारे में लिखने के बार-बार मौके पाता रहता हूँ।

मेरा दुःख कंपटीटिव है। यह हिसाबी-किताबी होता है। नाप-तोलकर होता है। जो दुःखदायी होता है, उसे दुःख ही देना पड़ता है, जो सुखदाई होता है उसे भी दुःख देना होता है, क्योंकि दुःख के पीछे सुख रहता है। मेरा मौलिक दुःख यह है कि अब तक इस बिन्दास को किसी ने गोली क्या कंकरी मारकर दुःख का पात्र तक नहीं समझा। जब समझा गाली लायक समझा।

और मुए आतंकवादी भी जब आए तब या तो संसद पर आए या ताज में आए। तब गन्दे नाले के पास वाले ढाबे पर तीन रुपये की चाय और एक रुपये वाली मट्ठी खा रहा था। उस दुःखदाई 26/11 को आतंकवादियों ने मुझ से हजार से ज्यादा किलोमीटर दूर शोक और दुःख का एक-राष्ट्रीय संस्करण बना डाला।

सर्वत्र दुःख दिखने लगा। मुम्बई दुःखी। मुम्बईकर दुःखी। राष्ट्र दुःखी। पुलिस दुःखी। मन्त्री दुःखी। मीडिया दुःखी। सोशलाइट दुःखी। हीरो दुःखी। हीरोइनें दुःखी। बॉलीवुड दुःखी। रूलिंग पार्टी दुःखी। रूलिंग को हूलिंग करने वाली पार्टी दुःखी।

साठ-बासठ घंटे तक ताज ट्राइडेंट मेरिडियन इसी तरह दुःख देते रहे। आतंकी एक्शन दुःख देता रहा और यह तुच्छ जीव उसे टीवी पर तमाशे की तरह निहारता रहा और इस दुःख को लिखने की सोचता रहा।

कई बार दुःख-स्पर्धीमन ने धिक्कारा कि तुम वहाँ क्यों नहीं हुए? इस एक्शन के ठीक बीचो-बीच कि तुम भी कह सकते कि मैं एक अदद चश्मदीद बचा हूँ और जो गुजरा है, उसे कहता हूँ! बार-बार टीवी फर 'लाइव' होने का मन करता रहा और

वहाँ न होने का दुःख सालता रहा।

इन दिनों दुःख के अनुभव से ज्यादा दुःखी दुःख का वातावरण होता है। वातावरण दुःख का निर्माण करता है : उदासी निर्मित चेहरे, उदात्त खचित खामोशी, घरवालों के रोने-धोने की आवाजों के बिना मन के रोने को मन में दिखना-देखना, दुख-शोक में भी सामने पड़े बड़े को यथायोग्य कह पीआर निभाने की शिष्टता बनाए रखना। 'और कितनी देर यहाँ रहना होगा?' के अस्तित्ववादी ऊहापोह में कुछ देर रहना, फिर किसी दूसरे के उठकर जाने के सीन में चुपके से खुद को सिंक कर देना, पर दुख में जाने और निकलने के नये तरीके हैं। दुःखी जन जब दिखाने की स्पर्धा करते हैं तो सुख बनने लगता है।

दुःख की इस आनन्दकारी लीला के पीछे इस हिन्दी वाले का हिन्दी साहित्यिक संस्कार है। हिन्दी कविता चिर-दुःखी कविता है। कवि शाश्वत दुःखी प्राणी है। पाठक को भी रोना-धोना होता है। पन्त ने कह दिया कि 'वियोगी होगा पहला कवि'! आदिकवि वाल्मीकि मिथुन रत क्रौंच पक्षी के वध पर महा शोकाकुलित श्लोक कह बैठे थे। निराला ने लिखा 'दुख ही जीवन की कथा रही'। महादेवी वर्मा के पास तो 'नीर भरी दुख की बदली' ही रहा करती थी जो डेली उमड़ती और मिटती थी। सूरदास की गोपियाँ 'निसदिन बरसत नैन हमारे' बताया करती थीं। छायावाद में हर कवि इस अनित्य जगत में नित्य दुःखी रहता था। प्रतिक्रिया में नया कवि दूसरों को दुःख देने वाला बना। अ-कवि जरा-जरा-सी बात पर रोता-धोता था। इन दिनों की कविता कवि के रोने का ओढ़ना-बिछोना है।

आज के आतंकवाद से बहुत पहले से कविता में सन्त्रास, आतंक, कुण्ठा, क्षोभ, क्रोध, अजनबीपन की बहार रही है। एक हिन्दी कवि की 'गोली दागो फोस्टर' कविता से, चालीस साल पहले एक गोली निकली थी, लेकिन धुआँ आज तक निकलता है! बताइए ऐसे में एक हिन्दी वाला मुम्बई में आतंकवादी हमले की बरसी पर किस तरह दुःख प्रकट कर मनाए?

एक कवि के शब्दों में कहना होगा—

'मैं दुःखी-सुखी हो कर
सुखी-दुःखी हो रहा हूँ...?
मैं हो रहा हूँ।

29 नवम्बर, 2009

सचिन की मनभावन लीला

क्रिकेट एक सम्पूर्ण लीला है और सचिन उसे सम्भव करते, उसमें खेलते भगवान हैं! इस लीलाप्रिय देश में वे कृष्ण सरीखे हैं, जो दर्शकों रूपी गोपियों को अपनी बल्ले रूपी मुरली की तानों के लय से रिझाते हैं। सब लोग अपने सारे काम तजकर उनकी मुरली की मधुर धुन को सुनने-देखने चले आते हैं। टीवी पर देखते हैं। रेडियो पर सुनते हैं। अखबार में पढ़ते हैं। उनकी एक-एक रन-लीला को इस तरह याद करते हैं, जैसे एक रन-लीला दूसरी, तीसरी और तीस हजारवीं रन लीला से किस तरह मनोहर और मौलिक है।

सचिन भगवान हैं। यह बात दुनिया के बड़े-बड़े क्रिकेट खिलाड़ी कहते हैं।

अमिताभ कहते हैं कि सचिन की खेल लीला को देखने के लिए वे अपनी शूटिंग को भी आगे-पीछे करा देते हैं। लता मंगेशकर कहती हैं कि वे इतने महान, किन्तु इतने विनम्र हैं कि मेरा गाना सुनने आए और मुझे बताया तक नहीं। लता ने उन्हें गाने से पहले मंच से नमस्ते कहा।

सचिन सिर्फ नायक नहीं हैं, वे सिर्फ लीजेंड नहीं हैं, वे इन सबसे आगे ऐसे 'आइकन' हैं, ऐसी 'मूरत' हैं, जिसके दर्शन मात्र से क्रिकेट लीला का अविरल, अक्षय, अटूट आनन्द बरसता है। क्रिकेट का खेल अगर लीला बनकर सबका आह्लादकारी रस बन गया है तो उसमें सचिन की रनों की तानें ही बजती हैं।

आइकन वो दिव्य-मूरत होती है, जिसे उसके भक्त का आज की भाषा में कहें फैन बनाया करते हैं।

चाहने वाले अपनी भावना का अक्षय निवेश करते हैं। प्रेम और श्रद्धा का निवेश करते हैं और उसकी नित्य उपासना करते हैं। भक्ति भावनामय इस देश में भावनाओं का निवेश परम्परा प्रसूत है। भागवत में भगवान हैं। नये क्रिकेट भागवत के भगवान सचिन हैं।

हिन्दी के दिलजलों को ऐसी बातें हास्यास्पद लग सकती हैं, लगें। अपने ठेंगे से। लेखक क्रिकेट की बारीकियों से बहुत कुछ अनभिज्ञ है और इसीलिए क्रिकेट के महानाट्य का निस्संग रस का आश्रय 'प्रमाता' है जो रस खोजता है।

हिन्दी में स्वर्गीय प्रभाष जोशी सचिन पर कुर्बान होते कलम तोड़ कर स्याही

पी जाते थे। हिन्दी के यांत्रिका विचारों वाले मृतभाव कोषों वाले रचनाकार उनके सचिनवाद को पढ़कर झल्लाते थे कि ये क्या ले के बैठ गया? सचिन उनका हीरो था। इस ग्वाले का वह किशन कन्हैया है। प्रभाष उनकी पिछली बड़ी पारी देखते-देखते ही दिल को आउट कर बैठे। पता नहीं कितने दिल तब टूट जाते हैं, जब सचिन आउट होते हैं या भारत जीतते-जीतते हार जाता है।

क्रिकेट राष्ट्र का रूपक है। सचिन का आना भरोसा देता है कि अब डूबती नैया को ये पार लगा देगा। यह हमारा रक्षक है, लाज को यही रखेगा।

जब-जब क्रिकेट की हानि होती है, जब-तब वे सचिन अवतार लेते हैं। सचिन का खेल एक मनोहर वृत्तान्त की तरह प्रकट होता है। इसे लीला-विमर्श से बेहतर समझा जा सकता है। वे लोग, जो क्रिकेट की बारीकियाँ नहीं जानते, उसे एक लीला की तरह लेते हैं और इस तरह वे अपने चीन्हें प्रभु के साथ-साथ खेलते हैं। लीला में सब शामिल रहते हैं, दर्शक लीला में सक्रिय रहते हैं।

लीला में सब कुछ होता है। कभी खुशी, कभी गम। लीला देख आदमी कभी हँसता, कभी रोता है। क्रिकेट में सारे रस हैं।

हिन्दी साहित्य में लीलाएँ खूब लिखी गयी हैं। रास लीला, राम लीला के क्रम में अब सचिन लीला जुड़ चली है।

हिन्दी साहित्यकारों में खेल प्रेम नहीं है। इसीलिए साहित्य सूखा-रूखा है। रसविहीन, आनन्दविहीन है।

साहित्यकारों में खेल भाव, लीला भाव नहीं है। निरन्तर चिढ़-चिढ़े, खिसियाते, गुर्राते हुए एक-दूसरे को नीचा दिखाने में व्यस्त 'नियम रहितं अनियम परतन्त्राम्' का लाइसेंस लेकर इस सूत्र में जरूरी परस्पर खेल की जगह खत्म कर देते हैं। खेलो और खेलने दो की जगह यहाँ का नारा है—खेलो, न खेलने दो। इसीलिए हिन्दी की विराट भाषा लीला में लेखकों के पास पाठक नहीं हैं।

हिन्दी साहित्य में इस खेल भाव को लाना है तो सचिन से सीखो भैये! वह तुम्हारे बच्चे का आनन्दकारी अनिवार्य विषय है। तुम्हारा क्यों नहीं? वह सबका दुलारा है, सबके आनन्द का आलम्बन है। आइकन है। उसकी बात सबसे सवाई है।

क्रिकेट विजुअल उपन्यास है। पारी की कहानी है। हर बॉल मार्मिक कविता की एक-एक पंक्ति। आइकन प्रभु जब लीला रचता है तो सारे वीर रस, भयानक रस, हास्य रस और ताली रस या गाली रस बरसा करते हैं।

आइकन रोज नहीं बनते। जैसे कि अवतार हर रोज नहीं होते।

15 नवम्बर, 2009

साहित्य का 'बाजार युग'

साहित्य अकादमी ने प्रख्यात बहुराष्ट्रीय निगम ब्राण्ड सैमसंग से बात करके साहित्य बाजार-युग का आरम्भ कर दिया है। वह सैमसंग के साथ मिलकर साहित्य सम्मान करना चाहती है, सम्मान के साथ रवीन्द्रनाथ टैगोर का नाम भी जुड़ेगा। इस मिक्स्ड सम्मान को आता देख कुछेक 'प्रगति-श्लथ', 'जनवादहत' साहित्यिक जन परेशान हो उठे हैं, उनकी चिन्ता है कि सैमसंग साहित्य अकादमी की मिलीभगत से साहित्य की साम्राज्यवाद विरोधी ताकत कम हो जाएगी। हिन्दी साहित्यकार की प्रिय विरोधी मुद्रा तिरोहित हो जाएगी। कोई क्या लिखेगा अगर एक कविता में सौ बार विरोध-विरोध न लिखेगा तो? कोई क्या कलम चलाएगा अगर बाजार के विरोध में अपनी 'क्रान्तिकारी' लेखनी से धिक्कारेगा नहीं तो? क्रान्ति के रास्ते में अगर अब कोई या और आखिरी रोड़ा है तो अकादमी और सैमसंग है।

चिर-विरोध, विक्षुब्ध सतत, नित क्रान्ति-क्रान्ति में चतुर चलित साहित्यिक जन अब तक कई तरह की क्रान्तियाँ कर चुके हैं और आगे भी इसी गति से करते रहना चाहते हैं। सैमसंग ने आकर बाधा डाल दी है।

साहित्य सैमसंग का क्या मतलब? वो मोबाइल, टीवी, कम्प्यूटर, सीडी प्लेयर, एसी, फ्रिज, कुकिंग रैंज बनाए। मोबाइल से चिपके साहित्यकार को टीवी दिखाए, फ्रिज का ठंडा मतलब कोका कोला पिलाए, एसी कूल-कूल करे लेकिन वह साहित्य के पवित्र क्रान्तिकारी मन्दिर में क्यों आ रहा है?

हे हिन्दी के नवीन बिन्दास पाठक पाठिका! हिन्दी का साहित्यकार साहित्य से ज्यादा साहित्य की मुद्रा का फोटोबाज है, सोवियत गिर गया, चीन समाजवाद से फिर गया और पूँजीवाद के संग कबड्डी खेलने लगा, लेकिन हिन्दी वाला अभी तक क्रान्ति के बम्बू को हाथ में थामे है जबकि उसका तम्बू उड़ चुका है। अब उस बम्बू को छीनने सैमसंग आ रहा है।

अंकल सैम से लेकर, अपने इतिहास में हुए शुंग वंश का शुंग लेकर सैमसंग या उसके जैसे दूसरे ब्राण्ड एक मोबाइल बनकर साहित्यकार के कान से दिल-दिमाग तक दुनिया से बातचीत कराता है। मनमाफिक रिंगटोन सुनाता है। टचस्क्रीन मोबाइल सेटों के जरिये इंटरनेट, कैमरा, रेडियो और तमाम तरह की संचार-संवाद

सुविधाएँ देता रहता है। लेकिन अपना हिन्दी वाला अपनी दुर्वासा-ब्राण्ड मुद्रा के संग ही पोज देता है। कैसी अद्‌भुत वीर मुद्रा है कि कान पर मोबाइल लगा है, दिल में, दिमाग में सूचना दे रहा है। रस, छंद और कई अलंकार भी दे रहा है। उसकी वजह से क्रान्ति नहीं रुकती, क्रान्ति रुक रही है, संघर्ष कमजोर हो रहा है तो उसके नाम से उसके नाम के साहित्य के साथ जरा-सा जुड़ जाने मात्र से हो रहा है।

बाजार हिन्दी में खतरनाक मिथ की तरह देखा जाता है। आजादी के बाद से दीक्षित पब्लिक सेक्टरी साहित्यकार अब तक फ्री लंच और डिनर दारू के आदी रहे हैं। 'अजगर करे न चाकरी' वाली लाइन रही है। सबकी 'दाता' एक सरकार रही है। अब नया पूँजीवाद है जो साफ कहता है—नो फ्री लंच, काम दे, दाम ले। सरस्वती के इन वरद-पुत्रों का, हिन्दी बुद्धिजीवियों का यह कैसा दुर्भाग्य कि जिन्दगी भर वीणा वादिनी से फ्री वर माँगते रहे और जमाना आ गया 'नो फ्री लंच' का।

किसी की डिमांड पर, आदेश पर कोई काम साहित्य और इस हिन्दी साहित्यकार के साथ हद दर्जे की बदसलूकी है। साहित्य किसी सरकारी दफ्तर की तरह खुलता और बन्द होता है।

बाजार को समझे बिना बाजार के विरोध में अपनी कोमलकांत पदावलियों को लगाते साहित्यिक ये जानते हैं कि यह भी उनकी एक मुद्रा भर है। हिन्दी में 'फ्रेंडली' एंट्री करने को उत्सुकायमान किसी दूतावास में किसी से सेटिंग कर, किसी किताब का अनुवाद कर, डालर मार, यहाँ वहाँ पीआर करा, विदेशयात्रा झटक, वहाँ अपनी किताब का पुल बना, यहाँ उनकी बना। यह निजी-हित-सेवा है, इसमें धन्धा होता चोखा है लेकिन वह दिखता नहीं। अगर माल लेते दिख भी जाएँ तो भी चलेगा लेकिन किसी ब्राण्ड के साथ न दिख जाएँ।

हाय बाजार से लड़ते-लड़ते वे बाजार की जेब काटते दिख ही गये। बहरहाल बन्दा प्रसन्न है कि हिन्दी के पूँजीरहित बाजार में कुछ पूँजी निवेश हो रहा है। अगर पूँजी बढ़े तो यह क्रान्तिकारी पाखण्ड भी खत्म हो। इसके लिए सब ब्राण्डों को हिन्दी साहित्य में आकर हिन्दी साहित्यकारों के नाम के आगे पीछे लगकर एक लाख दस लाख, एक करोड़ तक के सम्मान घोषित कर देने चाहिए। उन्हें मोबाइल, टीवी, फ्रिज देना चाहिए। मकान भी दिया जा सकता है। इनाम में मर्सिडीज वाले हाथ बँटा सकते हैं। टू डेज थ्री नाइट की विदेश फ्री ट्रिप वगैरह भी।

हमारा प्रस्ताव है कि दो चार 'प्रेमचन्द पेप्सी' सम्मान हों, दस पाँच 'नामवर नोकिया' सम्मान हों, बीस 'एअरटेल-अशोक' सम्मान, तीस 'द्विवेदी-डालडा' सम्मान कुछ 'हरिश्चन्द हीरो होंडा' सम्मान।

ये आइडिया देने के लिए हैं, आगे के इनाम आप सोचें।

13 दिसम्बर, 2009

अपना 'ऑफ द ईयर'

मैं अपना 'आफ द ईयर' ढूँढ़ रहा हूँ, लेकिन मेरे मन में बैठा विचित्र सन्देहवादी कहता है कि इस निरन्तर बिखरते उत्तर आधुनिक समय में भी कोई एक साल तक चलने वाला भरोसा हो सकता है? जिस दौर में आदमी-आदमी पर भरोसा करना छोड़ चुका हो उसमें किसी पर दाँव लगाना, किसी से दिल लगाना, किसी को अपने कल्पना का हीरो कह देना जोखिम भरा काम है। नुक्ताचीनी करना जिसका अटूट स्वभाव हो उस आलोचक के लिए कौन है जो आदर का पात्र हो सकता है? हर रोज हरेक की निन्दा करते, हर पल क्रिटिकल बने रहने की जिद को पालने वाले, हरेक का छिद्रान्वेषक बनने वाले, निजकृत उपहास वक्रता के वक्र-रस में डूबने वाले, दूसरे की बात काटकर अपनी बात की फतह की खयाली झण्डी फहराने के आदी बिन्दास बाबू की मुश्किल यही है कि जिन दिनों में कुछ भी पक्का नहीं मिलता उन दिनों एक हीरो तलाश रहा है।

यह समय खलनायकों का समय है। खलनायक ऑफ द ईयर ढूँढ़ना हो तो वे यत्र-तत्र-सर्वत्र दिखते रहे हैं। नायक? भले वह एक दिन का ही हो, कहाँ है?

जिस समय कुछ भी साबुत-सालिम नहीं नजर आता हो और हर चीज 'विखंडित' कहने से पहले ही टूटी जा रही हो वहाँ दो मिनट के लिए कोई टिका रहने वाला एक अदद भरोसेमन्द बन्दा हो तो वह कौन हो सकता है? क्या अब भी भ्रम है कि कोई हो सकता है? ये दिन 'नित्य हीरो' के हैं। अमर हीरोज के नहीं हैं।

क्या नित्य हीरो भी कहीं बचा है? यही उत्तर आधुनिक हीरो है जो नित्य है, 'सब कुछ' की जगह 'कुछ कुछ' कहने वाला है। साल बीतता है तो ऑफ द ईयर होने लगता है। 'फलां ऑफ द ईयर'। 'ढिकां ऑफ द ईयर'। यह एक साल का हीरो तलाशना अपने आप में एक उत्तर आधुनिक चलन है। साल के 365 दिन हैं। हीरो नित्य हैं।

जिन दिनों स्टाक मार्केट सुबह से शाम तक बूम और बस्ट का अभ्यासी हो, जिस समय में सब्जियाँ और बुद्धिजीवी सुबह-दोपहर-शाम रात में हिन्दी फिल्मों के हीरो-हीरोइनों के कपड़े बदलने की तरह पल-पल भाव बदलते रहते हों, उस सुपर

फिसलन भरे समय में किसे टिकाऊ कहा जाए जो अपने रास्ते पर कुछ दूर चलता जाता हो कुछ देर तक अडिग रहे और इस तमाशाई जगत में निरा तमाशा बनने से इनकार करता हो। ज्यों-ज्यों मेरी कलम उस नाम की ओर बढ़ती जा रही है अचानक मुझे अपने हिन्दीवालों की जमात का खयाल आ रहा है। नाम लिया तो फलाँ क्या कहेगा?

टीवी के बनाए 'हाइपर रीयल' खेल में जनवरी-फरवरी के चुनावी हीरो याद नहीं आते। नयी सरकार याद नहीं आती। मनमोहन जी का दोबारा प्रधानमंत्री बनना नयी बात नहीं लगती। मन्दी महँगाई की बातें भी नहीं टिक पातीं। तभी अचानक मेरा ऑफ द ईयर सामने आया। वह अखबार में था। उसकी तस्वीर मेरे सामने प्रकट हो पूछती-सी लगी—शहर छोड़कर क्या तुमने कभी अपना गाँव देखा है? मैंने नहीं देखा जाना, सो मैं देख रहा हूँ, समझ रहा हूँ, जनता से जुड़ रहा हूँ, लेकिन क्या तुमने अपना गाँव देखा जाना है?

एक दरिद्र-से गाँव में एक कच्चे-से घर में एक ग्राम्य महिला के हाथों से गरम दाल-रोटी उसी तरह खा रहा था जिस तरह इस देश का साधारण आदमी खाता है। बहुत दिनों से ऐसे चित्र और रिपोर्टें आ रही हैं जिनमें तीन-चार दिन की दाढ़ी बढ़ाए, कुरता पाजामा पहने, चश्मेवाला, घुँघराले बालों वाला एक युवा गाँवों में जा-जाकर कुछ खोज रहा है।

वह क्या खोज रहा है?

लोग कहते हैं कि यह सब ड्रामा है, लेकिन अगर ड्रामा ही करना होता तो वह आसानी से किया जा सकता था। उसके स्वाइन फ्लू के खतरे से भरे इन दिनों में गन्दे गरीब जनों के बीच जाने की क्या जरूरत है? नहीं। वह कुछ अलग है।

और मुझे वह शाम याद आयी जब वह अपनी बहन के साथ रायबरेली या शायद अमेठी में चुनाव परिणाम के ऐन बाद कैमरों से कुछ वाक्य बोला—वह आडवाणी का सम्मान करता है...गलाकाट चुनाव के दौर में एक मामूली उदार वाक्य के लिए तरसता यह मन खिल उठा कि कहीं-न-कहीं कुछ युवा उदार स्पेस बन रहा है जो फ्री फाइट के इस निर्मम दौर में अपने विपक्षी को ससम्मान जगह दे सकता है और विनम्रता से अपनी बात कह सकता है।

हिंस्र स्पर्धी जनतंत्र में विनम्रता वह विरल तत्व है जो दृश्य में उदात्तता पैदा करता है। इस लालची निपट स्वार्थी दिनों में कोई तो है जो पांच मिनट को ही सही, एक उदात्त जनतांत्रिक सीन दे जाता है, जो जनता के बीच मिक्स करता है।

अपनी नजर में यही उत्तर आधुनिक रचनात्मक राजनीति है।

27 सितम्बर, 2009

एक लेखक के घोषणापत्र की परेड

सबसे पहले मैं इस घोर जाड़े के लिए, इस धुँध के लिए इस सरकार को जिम्मेदार ठहराता हूँ जिसकी वजह से दिल्ली की सूखी ठण्ड दिल्ली के लेखकों को ठण्डाकर रही है। लेखकों के लिए कोई शेल्टर होम तक नहीं बनवाया है कि रात-बिरात साहित्य-बरात कर सकें। यह लेखक इस बात के लिए केन्द्र सरकार और दिल्ली सरकार को जिम्मेदार ठहराता है कि उसने लेखकों को गर्म करने के लिए फ्री रसरंजन का इन्तजाम तक नहीं किया है। सरकार चाहती तो लेखकों की रचनाओं में निकलने वाले अग्निधर्मा तत्वों से ही आग पैदा कर लेती और ऊर्जा संकट कुछ हल हो जाता और लेखक की जनता उससे तापती रहती।

मैं घोर प्रोटेस्ट करता हूँ और अपने लेखन की प्रोटेस्ट रैली निकालता हूँ। यह लेखक इस सरकार को आरोपित करता है कि उसने हर चीज के दाम बढ़ने दिये हैं। साहित्य के दाम नहीं बढ़ने दिये। चाय तक के दाम बढ़े हैं, लेकिन चाय पीने वाले साहित्यकार के दाम गिरे हैं। मैं इस गिरावट के लिए भी सरकार को दोषी पाता हूँ, साहित्यकार को दोषी नहीं पाता हूँ।

मैं चिरविपक्षी लेखक हूँ और मुझे उसी तरह रहना है। मेरी नियति में इस युग में कोई परिवर्तन नहीं होना है, होगा भी तो मुझे सब तरह के वाद के विपक्ष में रहना है। पूँजीवाद के विपक्ष में मैं तब से हूँ कहते हैं कि जब मैं पैदा हुआ तो तुरन्त मैंने जोर से 'पूँजीवाद, साम्राज्यवाद हो बर्बाद' कहा था। माता-पिता ने क्रान्ति के लड्डू बाँटे थे। अब तो प्रेमचन्द भी आकर कहें कि तू पूँजीवाद के विरोध में मत रह तो भी रहूँगा।

इस ठिठुरते काँपते गणतन्त्र में मैं अपने गणतन्त्र की खातिर कुछ भी कर सकता हूँ। मैं मानता हूँ कि आतंकवाद कोई समस्या नहीं है। इसीलिए मैं आतंकवाद के विरोध में कुछ नहीं बोला हूँ। जिस दिन बोल दूँगा आतंकवादी ठीक हो जाएँगे, लेकिन क्यों बोलूँ। अरे जो सरकार मेरे जाड़े को दूर करने का इन्तजाम नहीं कर सकती उसकी मदद क्यों करूँ? मैं कमिटमेंट पर मिटने वाला हूँ, पिपरमिंट पर नहीं।

मुझे इस सरकार और हर किसी सरकार पर रोष है कि उसने इस देश को एक भी साहित्यिक राजधानी नहीं दी है। मेरा प्रस्ताव है कि कामनवेल्थ के बाद जो गाँव

खाली हो उसे लेखकों के हवाले कर दिया जाए। वे दिल्ली में रहकर गाँव से जुड़कर यथार्थ लेखन करेंगे। यह विश्व की सुख-शान्ति के लिए आवश्यक है।

एक मेरी शिकायत कारपोरेट से, मल्टीनेशनलों से है। मेरी शिकायत वे न सुनें लेकिन कहने का अधिकार मुझसे कोई नहीं छीन सकता। मैं जोर से चीखकर कहना चाहूँगा कि फॉक्सवेगन वाले अपनी गाड़ी जरूर लांच करें, लेकिन साहित्य के क्षेत्र में पर्दापण न करें। अगर वे समसुंग की तरह कुछ इनाम घोषित करें तो क्या अच्छा न होगा। इनाम में एक गाड़ी दें तो दें। मेरी हजार शिकायतों में से एक बड़ी शिकायत साहित्य अकादमी से है कि वह मुझ से पूछे बिना क्यों सेमसंग के हाथों बिकने पर आमादा हो गयी है? मैं आज से एक साल के लिए संकल्प करता हूँ कि साहित्य अकादमी का कोई सम्मान नहीं लूँगा। अगर फिर भी वह देती है तो अंडर प्रोटेस्ट सम्मान ग्रहण करूँगा।

मैं चैनलों वालों से कहूँगा कि इतनी गड़बड़ करते हो। हिन्दी की टाँग तोड़कर उससे अंग्रेजी की टाँग जोड़ते रहते हो। बहुत कमा रहे हो। अब जरा इस गरीब हिन्दी लेखक पर खर्च करो। इसे अपनी कविता, कहानी सुनाने का टाइम दो और फिर देखो कि तुम्हारी टीआरपी किस कदर इंटेलेकचुअल हो जाती है। तुम्हारे पास सब कुछ है। मेरे पास कविता है।

मेरा संकल्प होगा कि मैं सुबह-सुबह लोदी गार्डन में टहलूँगा और नाश्ता आईआईसी में करूँगा। दोपहर एक बार हेबिटेट में जाऊँगा और अपने चाहने वालों को खोजूँगा जो अपने चाहने वालों को खोज रहे होंगे।

हे जनता तू इस लेखक को नहीं जानती। तेरी मुक्ति का गीत लिखे बैठा है और तू दूध की लाइन में लगी है। मेरी कविता में तुम्हारा भविष्य है। मैं अपनी बड़ी गाड़ी निकालूँगा और सड़क चलते दूसरों को कोसूँगा कि इतनी गाड़ियाँ क्यों हैं दिल्ली में। मैं अपनी कलम निकालूँगा और सबकी खबर लूँगा, लेकिन अपनी खबर लेने वाले को नम्बरी दुश्मन मानूँगा।

इस साल मेरा यह घोषणापत्र बताएगा कि मैं क्या-क्या कर सकता हूँ। मैं दलों की तरह कागजी घोषणाओं का कायल नहीं, बल्कि करके दिखाने वालों में से हूँ। हे श्रीमन् यह साहित्यकार एक बार फिर विपक्ष में आ गया है अब सरकार की, पब्लिक की और साहित्य की खैर नहीं! सावधान! आगे लेखक खड़ा है!

26 जनवरी, 2010

यूँ ही कोई मिल गया था मेले में चलते-चलते

वे 'यूँ ही' मिल गये। मैं भी उनसे 'यूँ ही' मिलने लगा। यूँ ही हम दोनों ने एक-दूसरे से पूछ लिया—कैसे हैं? यह एक साथ ही बोला गया 'सह-वाक्य' था और हम दोनों ने इस सह-वाक्य पर बिना चकित हुए एक-दूसरे को बताया कि 'हम ठीक हैं'। हिन्दी में 'यूँ ही' मिलना होता रहता है। पुस्तक मेला 'यूँ ही' मिलने का अवसर बन जाता है। अंग्रेजी वाले हॉल में कोई किसी से 'यूँ ही' मिलता नहीं दिखता। हिन्दी कहीं 'सम्पर्क भाषा' बने न बने, यहाँ बन उठती है।

'यूँ ही' मिलने का आनन्द अनूठा होता है। इस मिलन का कोई एजेंडा नहीं होता। मिलने के बाद भी नहीं होता। मिलने वाले से पूछो तो वह इतना ही बता सकता है कि हाँ यूँ ही मिले थे। क्या हुआ पूछो तो नहीं बता पाते कि क्या हुआ?

पुस्तक मेला यूँ ही मिलने का स्थल बन उठता है। यह निरा अहैतुकी मिलन होता है। अचानक किसी को यूँ ही सामने से आते देख मन कह उठता है कि 'इस...को भी यहीं मरना था?' इधर से जाता हुआ मन गालीमय होता है। उधर से आता हुआ मन भी होता है और मेले की गली में गाली गटक कर यूँ ही मिलना पड़ता है।

हिन्दी लेखक हिन्दी समाज में एक-दूसरे के साथ अति-परिचय के अ-परिचय में रहता है। यहाँ सब एक-दूसरे का कच्चा-चिट्ठा जानते हैं और एक-दूसरे के बारे में हर पहले, दूसरे, तीसरे, चौथे बताते रहते हैं। अंग्रेजी में इसे बिचिंग कहते हैं। हिन्दी में इसे 'प्रिय निन्दा'। यह लेखक से लेखक की अति-समक्षता का होना है। मेला ऐसा अवसर देता है। जरूरी नहीं कि आप जब आमने-सामने हों तब मिलें ही। मिलते हुए भी मिलना नहीं होता। जो लोग रोज मिलते रहते हैं, वे भी एक-दूसरे से बचते भागते हुए मिलते रहते हैं। इसे 'यूँ ही' मिलने का वरदान कहा जा सकता हैं। आप 'अपने दूसरे' से बच नहीं सकते। सब एक-दूसरे के मनोहर श्याम जोशी के 'हमजाद' होते हैं।

यूँ ही मिलने के अनेक संस्करण हैं। बिहारी की सभा चतुर नायिका की तरह अनेक 'रिवर्स' हाव-भाव हेला होते हैं। 'भरे भौन में नैनन ही सौं बात' करने वाली रीतिकालीन नायिका का 'भाव' इधर 'बे भाव बन उठता है।' नायिका 'कहत नटत

रीझत खिजत मिलत खिलत लजियात' करती रहती थी। यूँ ही मिल उठने वाला लेखक बिहारी की नायिका की कहन को उलट कर चलता है–

'हंसत डंसत खोजत फंसत डपट झपट लतियात!
भरे हॉल में करत नित चितबत कितबत बात!!

आह! शाम रात में ढल रही है। लेखक टहल रहा है। वो देखो तो एक लेखक चला आ रहा है। बगल में पाँच किताबें दबाए। ज्ञान के बोझ से उसका कटिप्रदेश तिरछा हो उठा है। किसी तरह शीश को किताबों की तरफ किंचित झुकाए यूँ ही यूँ ही हो रहा है। इधर देखता कि उधर, किधर? उसे खुद नहीं मालूम। लीजिए! उनसे चला नहीं जा रहा। दर्दीले भाव से किसी तरह चले जा रहे हैं। उन्हें साहित्य प्रेम का कमजोर इंजिन खींचे लिए जा रहा है जिसमें 'निज किताब आगमन' का गियर लग गया है।

इधर एक स्टाल में लाइट-कैमरा-एक्शन हो रहा है। अस्सी-सत्तर-साठ वाले 'बैठे/बैठी' हैं। साहित्य की चरचा करने बैठ गये हैं। साहित्य रो रहा है। कह रहा है...अब तो मेरा पीछा छोड़ो। खाली पीली रचना करते हो। कुछ मेरे लिए चरचा तो करो! अपना साहित्य 'चरच' में 'खरच' गया है। बेचारा!

इस 'यूँ ही' गोष्ठी में कागज के कपों में एक बालक चाय टाइप कुछ लाता है। चरचा के बाद चाय! सिनियरतम लेखक के हाथ में कागज का कप ज्यों ही दिया जाता है लेखक की जकड़ पकड़ में कप पिचक जाता है। गरम चाय छलक कर धोती के भीतर जाँघ का ऊष्णसिंचन बर बैठती है। लेखक आत्मनेपद में चाय को सुभाषित बकता है। इस गिरावट का साक्षात गवाह बाजू वाला गिरने के सीन को देख पुलकित हो प्रश्न पूछ उठता है–क्या हुआ? गाली दे चुकने के बाद पैदा हुए 'निर्वेद' में आकर सीनियरतम कहता है–कुछ नहीं। यूँ ही। बस गिर गयी! इसके बाद कागज के कपों के षड्यन्त्र पर चरचा चल निकलती है। वो भी 'यूँ ही'!

7 फरवरी, 2010

घर आए सम्मान को एक विनम्र ठोकर

हिन्दी में यह त्याग का सीजन है। जिसने जब-जब जो-जो त्यागा है, बताने में लगा है। हिन्दी में त्याग की खबर ब्रेकिंग न्यूज बनती है। मतिमन्द हूँ। सब तुरन्त समझ जाते हैं, मुझे बाद में समझ आता है। जब से हिन्दी में विनम्रतापूर्वक सम्मान ठुकराने की बातें होने लगी हैं मुझे भी याद आने लगा है कि अब अपनी ठोकरों को गिनने का वक्त आ गया है। मैं अब तक छिपाए रखता था। अब वक्त है कि बताऊँ कि आज के ठुकराने वालों में मैं अव्वल हूँ। मैं यह रहस्य एक साहित्यिक बीट के पत्रकार को ब्रेक करना चाहता हूँ।

वह दौड़ा चला आया है। इंटरव्यू ले रहा है—'सर जो सम्मान आपने कविवर प्रसाद की तर्ज पर 'आलिंगन में आते-आते मुसक्या कर जो भा गया' उसे क्यों ठोकर मारना चाहते हैं?

'भई अब मुझसे रहा-सहा नहीं जाता। कहने का वक्त आ गया है मुक्तिबोध के शब्दों में 'अभिव्यक्ति के खतरे उठाने ही होंगे, तोड़ने ही होंगे मठ और गढ़ सब'। इस उम्र में मैं यह बोझ नहीं ढो सकता? हिन्दी का लेखक हूँ। परम्परानुसार तमाम जरूरी ठोकरें खा चुका हूँ। पलटकर किसी को आज तक नहीं मारी है। इस चक्कर में ये मेरी ठोकरें, ये लातें सुन्न होने लगी हैं। कह रही हैं वक्त आ गया है कि तू हम ठोकरों का सदुपयोग करे नहीं तो तुझे साहित्य में कोई न पूछेगा। मार देगा तो पूछ बढ़ जाएगी, नहीं तो पछताएगा। पहली बार कह रहा हूँ एक बार पीएमशिप का आफर आया था। मैंने तुरन्त फोन पर ही 'सॉरी' कह दिया। उसके आगे ये सम्मान क्या है? है कोई माई का लाल जिसने इतने बड़े सम्मान को ठोकर मारी हो वो भी विनीत भाव से? आज सिर्फ तुम्हें न्यूज ब्रेक कर रहा हूँ। हुआ यों कि जिस दिन इस देश को एक ठो पीएम का टोटा पड़ गया था उस दिन मेरे पास एक बड़े दल विशेष के महा-महासचिव का फोन आया कि सरजी इस अखिल देश में पाँच साल तक खींचने वाला कोई तटस्थ, निष्पक्ष, निष्कलंक, परिवर्तकामी तपी नहीं मिल रहा है। अगर आप आज अपना कन्धा दे दें तो एक सरकार बन जाए। यह दुनिया, यह देश, इतिहास, भूगोल, सृष्टि, यह देवलोक, दानवलोक आपका सब संयुक्त अहसान मानेंगे। आप बस हाँ कर दीजिए। तब मैंने जो कहा उसे ध्यान से सुनो—अरे भई

आप ने मुझ पर जो भरोसा दिखाया है उसके लिए आभारी हूँ लेकिन...सॉरी। इतना कहना था कि उधर से गिड़गिड़ाहट हुई...

'समझता हूँ आप बड़े हैं, रचनाकार हैं। इस विनम्रता से आप ही ठुकरा सकते हैं सरजी। मैं धन्य-धन्य हुआ। लेकिन आप मना न करें बस पाँच साल...सर जी यह देश रसातल को चला जाएगा अगर आज संकट की घड़ी में आप न उबारेंगे? आप ही हैं जो बचा सकते हैं। देश की कातर निगाहें आपकी ओर लगी हैं। आज आप एक अरब की आशा हैं सर जी! मैंने कहा कि ठोकर मेरी। लात मेरी। अब लगे तो लगे। मैं न मानूँगा। मैं ठुकराऊँगा। ले ठुकरा दिया। यहीं इसी फोन पर। फाइनल फिनिश। जानता हूँ। लात निकलेगी तो बहुत दूर तलक जाएगी। उसके बाद का इतिहास तुमने देखा ही है। गुजराल, देवगौड़ा बने। ज्योति बाबू कोई त्यागी नहीं थे। इसी अफसोस को पाले चले गये। असली त्यागी मैं हूँ। इस देश के सम्मान की खातिर मौन धारण कर लिया था। आज तोड़ा है।

'आपने यह ब्रेकिंग न्यूज अभी क्यों ब्रेक की? पहले क्यों नहीं की?'

'तुम न समझोगे? देखते नहीं हिन्दी में यह त्याग का सीजन है। जिसने जब-जब जो-जो त्यागा है बताने में लगा है। हिन्दी में त्याग की खबर ब्रेकिंग न्यूज़ बनती है। सामसुंग सम्मान देना चाहता है। हिन्दी के लेखक कह रहे हैं—ये साम्राज्यवादी मल्टीनेशनल है। हमें नहीं लेना है। हिन्दी में त्याग की महान परम्परा नहीं जानते। सो बेटा! आज तक कम से कम तीन बार अकादमी सम्मान एडवांस में ठुकरा चुका हूँ।'

पुलकित पत्रकार कह उठता है—सर जी आप एक परम्परा डाल रहे हैं। नया इतिहास लिखना पड़ेगा। आप ही कर सकते हैं।

जिस दिन मेरे इस त्याग की खबर छपी उससे अगले सनडे हमारा कबाड़ी बोरी खोल खड़ा हो गया और कहने लगा—लाओ सर जी डाल दो बोरी में। ये जो फ्रेम है इसका पाँच रुपया और इस तरह ये लो पाँच किलो का पच्चीस रुपया।

21 फरवरी, 2010

तुक से बेतुक बनी कविता की कथा

इन दिनों कवि मिलते हैं। 'तैयार' कवि नहीं मिलते। कारण वही है कि कवि अपने कवि कर्म के लिए 'तैयारी नहीं करते। हिन्दी कविता बे-तुक हो गयी है, इसीलिए सहृदय श्रोता नहीं। पाठक, हर कविता की अपनी जातीय तुक होती है जो उसे बेतुक होने से बचाती है। हिन्दी कविता की भी अपनी तुकतान रही है। उसकी दीर्घजीविता का कारण यही है। इन दिनों हिन्दी कविता से उसकी जातीय तुक गायब है। कविता की 'कुक-बुक' को किसी ने 'हुक' पर टाँग दिया है। हजार साल की हिन्दी कविता में तुक का राज रहा है। तुक है तो कविता याद रहती है। तुक गायब है तो कविता गायब है।

आप किसी भद्र काव्य गोष्ठी में चले जाएँ। आप कवि जी से फरमाइश करने की गलती न करें कि हे कविश्रेष्ठ, जरा दो लाइनें सुनाएँ तो वह बगलें झाँकने लगेगा और गर्व से कहेगा कि उसकी कविता उसे याद नहीं है। उसकी डायरी में है। निकालनी पड़ेगी। जिस कवि की कविता उसके कण्ठ में न बस कर डायरी में रहे उसे किस मुख से कवि कहा जाए? हिन्दी भाषाई परम्परा में तो कविता कण्ठ में रहती रही है।

बोलियाँ तुकान्त में रहती हैं। आम आदमी तुक्कड़ होकर ही भाषा में रचाव लाता है। उनके शब्दों में, वाक्यों में एक सामूहिक समझ की लय होती है। यहाँ लोग पराए और अतुकांत को भी तुक में बना लेते हैं। साधारण आदमी तुक में रहता है। ज़रा-सा बेतुक हुआ कि हँसी का पात्र हुआ। तुक का कौतुक मजा देता है।

तुक का मतलब ही 'लय' है। लय है तो यति है। यति है तो गति है, गति है तो कविता की रति है। नहीं तो कविता की क्षति है। जीवन में लय लाने के लिए भाषा में लय लायी जाती है। जहाँ लय का विलय हो जाता है वहाँ प्रलय हो जाता है। लय का मतलब लीनता है। लीनता है तो तल्लीनता होगी। तल्लीनता होगी तो रस होगा, उसका तादात्म्य होगा। उसका साधारणीकरण होगा। नहीं होगा तो रसाभास होगा। कविता का मात्र आभास होगा। कविता न होगी। तुक कविता की तरकीब रही है। आज की कविता अपनी तरकीबें खो बैठी है। तरकीब यानी काव्य करने की कुशलता।

बोलीबानी तुकतानी होती है। बात-बात में लोग तुक मारते चलते हैं। हर जगह तुक्कड़ मिलते हैं। शब्द-क्रीड़ा जनसंवाद का स्वभाव है। शब्दक्रीड़ा में शब्दार्थ कौतुक का खेल है। तुक या बात-बात में श्लेष मारना भाषाई लीला है। कविता की अपनी भाषाई लीला कहीं खो गयी है। इसी से कविता आनन्द की सृष्टि करती है।

तुक है तो याद है। याद है तो उसके लिए दाद है। वही कवि की जायदाद है, वरना कविता कुल मिलाकर कम्पोस्ट खाद है जिसमें हिन्दी कवि बर्बाद है।

आप तुलसी, सूर, मीरा की तुकलय निकाल दें तो क्या कुछ बचेगा? आप रीतिकालीन कविता की तुक-ताल निकाल दें तो क्या बचेगा? आपकी पाठक बुद्धि पढ़कर कहेगी कि ये क्या है जी? क्या पुरखे भी ऐसे मनहूस थे जैसे आज की कविता के कवि हैं जो तुक को तलाक दे चुके हैं।

कहते हैं कि कविता में इन दिनों सोच-विचार चिन्तन का काम बहुत हो रहा है। कविता दर्शन के स्तर को छूने लगी है। हर कवि सोच-विचार करते-करते दार्शनिक हो उठा है। वह मनीषी है। उसकी कविता यथार्थ अनुभव की जटिलताएँ रचती है। वह जनता के क्षोभ को कहती है और उसमें संघर्ष आदि भी होता है। कभी कवि कहने लगते हैं कि कविता अकेला करती है। कविता सत्ता का प्रतिपक्ष बनाती है।

कविता में जान नहीं है, लेकिन कवि बनने का अरमान है और कवि होने का दुरभिमान है। कवि ही कविता का दुश्मन है।

रीतिकाल में तुक की अति होने लगी तो दूसरी अति इन दिनों नजर आती है। तब कवि ने कटाक्ष किया था—

'सीख लीनो मीन मृग खंजन कमल नैन
सीख लीनों जस और प्रताप को कहानो है।
ढेल सौ बनाइ आइ मेलत सभा के बीच
लोगन कवित्त कीबौ खेल करि जानों है'।

तुक एक तरकीब है। लय एक तैयारी है। शब्दाभ्यास है। जैसे गणित के गिनती पहाड़े हैं जो तैयारी कराते हैं। उसी तरह कविता की भी तैयारी होती है।

इन दिनों कवि मिलते हैं। 'तैयार' कवि नहीं मिलते। कारण वही है कि कवि अपने कवि कर्म के लिए 'तैयारी' नहीं करते। इसीलिए हर कविता एक-दूसरे का विस्तार या नकल लगती है। इसीलिए 'कविता' का इंट्रो भी 'कविता' लिखकर करना पड़ता है।

27 मार्च, 2010

हैं चहक रहीं चिड़ियाँ टींवीं टींवीं टुट टुट

इन दिनों ट्विटर पर बड़े लोगों में जो ट्विट ट्विट टुट टुट फट फुट चटाक पटाक हो रहा है उसे हिन्दी के एक कवि ने बहुत पहले पहचान लिया था। इससे सिद्ध हुआ जाता है कि हिन्दी का कवि 'भविष्यदृष्टा' होता है।

इस महाकवि का नाम है सुमित्रानन्दन पन्त। प्रमाण मिलते हैं कि पन्त जी के जमाने में भी 'ट्विट ट्विट' होता था। हिन्दी में उसे टुट-टुट कहते थे। ट्विटरिंग टुटरिंग होती थी। यह चिड़ियों के बीच होती थी। साइबर स्पेस में नहीं, झुरमुट स्पेस में होती थी। टहलने जाने वाले जानते हैं कि सुबह अब भी झुरमुट स्पेसों में 'ट्विट ट्विट' होती रहती है।

अपने पंत जी प्रकृति के परमप्रेमी थे। निसर्ग के दर्शनों में रमा करते। छायावाद की छाया में नौका विहार किया करते। चिड़ियों के कलरव सुना करते। चिड़ियों को ट्विट करते सुना तो लिख डाला—

'पेड़ों का झुरमुट
संध्या का झुटपुट
हैं चहक रहीं चिड़ियाँ
टींवीं टींवीं टुट टुट'

कविता के सन्दर्भ की कल्पना की जा सकती है।

किसी चिड़े ने किसी चिड़ी को गाना गाते हुए आँख मार दी है—'ओए तेरी तो ट्विट ट्विट। ओ ओ आजा आजा आजा।' चिड़ी ने गुस्से में आग बबूला होकर अपने बॉय फ्रेंड से कहा है—ओए आज तुझ जैसे गबरू यार के होते हुए इस 'सन ऑफ ए बिच' की ये हिम्मत कि सरे आम तेरी स्वीटी को 'ट्विट ट्विट' कर जाय! तूने अगर अपनी असली माँ को दिया दाना खाया है तो उसकी तसल्लीबख्श मरम्मत करके आ बरना मैं चली...ट्विट ट्विट चीं चीं।

चिड़ी का वह फ्रेंड उस आँख मारने वाले बदमाश चिड़े को चिढ़-चिढ़कर ट्विट-ट्विट कर गरिया रहा है—सरउ! तेरी ट्विट-ट्विट। ऐसी की तैसी। 'ट्विट ट्विट'। तूने मेरी स्वीटी से ट्विट करने की हिम्मत कैसे की? आज मैं तुझे जान से ट्विट कर डालूँगा। तेरी हड्डी की टुट टुट कर डालूँगा। ट्विट ट्विट ट्विट।

उसके बाद जो होता है वह 'कलरव' है।

चिड़िया मितभाषिणी होती हैं। उनका शब्दकोश होता है, लेकिन बहुत बड़ा नहीं होता। वे मुक्ताकाशी हैं। मुक्तक भाषी हैं। मुक्तक ही आज का ट्विटर है। 140 से 170 तक अक्षरों में ही आपको अपनी बात समेटनी है। दो लाइन के दोहे में अड़तालीस मात्राएँ होती हैं। हर लाइन में चौबीस। इस मानी में अपने दोहे अपनी चौपाई अंग्रेजी के 'ट्विटर' शैली के बाप हैं। 'ट्विटर' आज की हिन्दी की 'सतसई' है।

बिहारी की सतसई के दोहे उस शिकारी के तीर की तरह हैं जिसके तीर देखने में छोटे लगते हैं लेकिन घाव बड़ा गम्भीर करते हैं। यह समय 'लाइट' है। सबका टाइम 'टाइट' है। टाइम से ही 'फाइट'। लम्बी-चौड़ी हाँकने का वक्त नहीं है। प्रबन्धकाव्य, महाकाव्य, खण्डकाव्य का वक्त नहीं है। भारी भरकम उपन्यासों, बड़ी कहानियों का वक्त नहीं है। लम्बी कविता क्या छोटी कविता तक नहीं चलती। दो चार लाइन में कहो और फूटो।

मोबाइल युग 'इंस्टेंट' है। तुरन्ता है। सब अपनी-अपनी 'तुरंताई' में हैं। एमएमएस का दौर है। छोटी टैक्स्ट की ही बौछार है। यही चिट्ठी है। यही तार है। तार से भी आगे की भाषा का समय है। सतसई का युग लौट रहा है। सूक्तियों-कूक्तियों का दौर आ चुका है। 'दो लाइन' का खेल बढ़ रहा है। लम्बी भाषणबाज को लोग हूट करते हैं।

साइबरतन्त्र ने लिखना-पढ़ना बदल दिया है। संवाद का तरीका बदल दिया है। सब करते हैं टुट-टुट। ट्विट-ट्विट। कहते हैं—जो लम्बी हाँकता है। उसे कहते हैं—तेरी तो ट्विट ट्विट ट्विट ट्विट।

शब्द छापामार हैं। एक लाइन मारी इधर हाय हाय हो गयी। उधर वाह वाह हो गयी। बराक ओबामा को एक बंदे ने 'ट्विटर' में 'बंदर' कह दिया। क्या कर लेगा कोई उसका? गिरफ्तार कर लेगा! कर ले!

उसे 'बंदर' शब्द मात्र से लाखों अनुगामी मिल गये। प्रशंसक-निन्दक मिल गये। पल भर में वह फेमस हो उठा। ज़ो जिन्दगीभर न कर पाता। एक शब्द से कर गया।

ये शब्द का जादू है। शब्द की ताकत है जो शब्दार्थ से रहित होते दिखते समय में लौटी है। ट्विटर का धन्यवाद। चिड़ियों की टुट-टुट का धन्यवाद।

छोरे! याद रखियो-शब्द ब्रह्म है। ब्रह्मास्त्र है। ज़ब कभी टुट-टुट करियो। सोच समझ के करियो!

18 अप्रैल, 2010

एसएमएस की दुनिया में डिजिटल काव्य

पुराने साहित्यकार अपनी किताबों में डूबे हैं, लेकिन नई पीढ़ी ने अपने दौर के गडजेट के लिए साहित्य लिखना शुरू कर दिया है। हिन्दी साहित्य खबरदार! होशियार! फिर न कहना कि बिन्दास ने बताया नहीं। हिन्दी में 'डिजिटल कविता' का जन्म हो चुका है। यह 'मोबाइल कविता' है जिसे रोमन हिन्दी में एसएसएस कविता रूप में लिखा जा रहा है। नित्य एक लिखी जा रही है। एक कवि किसी की परवाह किए बिना लिखे जा रहा है। अब तक इस महाडिजिटल कविता के पाँच अध्याय लिखे जा चुके हैं।

नाम है—'समकालीन सन्देश रासक' उर्फ 'कमीन की कविता' उर्फ 'शैतान के श्लोक'। यह एक असमाप्त कविता है जिसमें गद्य, पद्य और चम्पू तीनों का मजा है। ये नये 'चुभते चौपदे' हैं। इस कविता के पहले श्लोक का जन्म एक दिसम्बर सन् 2009 को हुआ है तब से अब तक श्लोक रचना जारी है।

नमूने के लिए यहाँ कुछ कविताएँ दी जा रही हैं। ये बेहद छोटी, एकदम नावक के तीर की तरह हैं। न्यूनतम शब्दों में अधिकतम 'कोलेटरल डेमेज' का मजा देनेवाली। शैली में 'नो होल्ड बार'। ये डिजिटल पीढ़ी की कविताएँ हैं। इन्हें डिजिटल भाव से पढ़ें। समझें।

कवि का आत्मकथन कई कविताओं में आता है—

मसि कागद छूयो नहीं कलम गही नहिं हाथ
कबीर कुत्ता राम का भौंके रात बिरात

डिजिटल कवि एक बार फिर सांकेतिक परिचय देता है—

तूती ए हिन्द हूँ पहचान मुझे दीवाना समझते हैं अनजान मुझे/उनकी कोशिश है कि चुप हो जाऊँ वे नहीं जानते हैं मेरी जान मुझे

कवि अपनी कविता के बारे में भी यदाकदा बताता चलता है यथा—

कुछ दिन हमने मयनोशी की कुछ दिन हमने रंग किया
जहर बुझी बातें फैलायीं और लफ्जों को संग किया
हिन्दी कविता को लिखने का एक नया ही ढंग किया
कुछ जयपुर में समझे होंगे, कुछ पटने बिहार में

मेरी बात न समझा कोई दिल्ली के बजार में
किस-किस अदा से रेख़ते हमने कहे चले...

इसके आगे इस 'समकालीन सन्देश रासक' के ये कुछ चुनिन्दा श्लोक पठनीय हैं—

'एक तो मसखरा मुजस्सम था एक कहता था वो संजीदा है।/एक ने मार्क्स छान रखा था एक के हाथ में देरीदा है। एक-के-एक बजरबट्टू है एक इंसान का मलीदा है/हिन्दे बरबाद को नसीहत है शेष की शान में कसीदा है।'

'व्योम की कविता के बाद अब जमीन की कविता/इस कमीन की कविता कब सुनेंगे नामवर जी'

'वही प्रसिद्ध और अप्रासंगिक कवि आज अमरता को फुसलाने/बल्लीमारान गया, लेकिन अमरता तेल लेने गयी थी/लकड़ियों की टाल पर कबीर का कुत्ता/इब्ने संफी की 'बहुरूपिया नबाव' पढ़ रहा था'

'या तो कही कबीर ने या कल्पित कह पाय/अकथ कहानी प्रेम की वा सौं कही न जाय'

और लीजिए एक चपेटा बिन्दास पर भी है—

'पाँच लेख भोरे लिखे चार घसीटे रात/दिन में उत्तर-आधुनिक पौराणिक सूर्यास्त/सम्पादक हैं वाक् के प्रोफेसर बिन्दास/जमना पार बिराजते हिन्दुस्तान निवास/क्रिटिक मीडिया नामचीन आलोचक विख्यात/इन्हीं से काम चलाओ बड़ी उदास है रात'

बिन्दास को ऐसी बिन्दास कविताएँ पढ़कर मजा आ गया है। ये सगोत्री हैं। एक मदमस्त! साहित्य के कुटेवों से छेड़ करने वाली। हिन्दी के जगत को पंक्चर करती, उसकी हवा निकालकर उसके फुलाव को हल्का करती ऐसी कविताओं की पूरी परम्परा है। सर्वेश्वर का 'सड़क साहित्य' और हिन्दी के धूर्त और दुर्मद माहौल में एक-दूसरे को सहने की जगह खत्म हो रही है। ऐसी उत्फुल्ल कविताएँ उस जगह को सम्भव करती हैं।

ऐसी मस्त डिजिटल कविता मिलेगी मोबाइल पर ही! फ्री कविता प्राप्ति के लिए आपको इतना करना है कि इन कविताओं में आए कवि के नाम को पहचानें और सम्पर्क करें! नाम में दो 'ककार' आते हैं। नाम का 'क क' बूझो तो जानें!

2 मई, 2010

हे जातिवाद के ललित छन्द !

पेश है राजनीति, समाज और संस्कृति के एक नए युग की शुरुआत के लिए जाति और खाप व्यवस्था की ललित वंदना।

ओम् जाति जाति जाति!
ओम् भाँति भाँति भाँति
भली भाँति
ओम् अभी हम संसद जाति।

सबकी जाति लाति लाति लाति। जनगणना में लाइन लगाति लगाति लगाति! सबको बताति बताति सबकी जाति जाति जाति। सब भूल गया बच्चा लोग पच्छिमी चक्कर में

'द ग्रेट इंडियन जाति जाति जाति'!
फिर से लौटेगी जाति जाति!
हम पाँति पाँति पाँति। पहले पहले थे चार पाँति! अब पाँच दस हजार पाँति!
ओम् जाति की दुभाँति!
ओम् अपनी आधुनिकता में जाति तनिक न लजाति
ओम् आरक्षण। ओम सत्ता का भक्षण।
ओम् अपना अपना रक्षण बाकी मरें तत्क्षण!
ओम् हमारी जाति से सब सहमति। हम न लजाति।
न लजाति न लजाति।
हम सब जाति जाति जाति
ओम् जाति क्रान्ति जाति क्रान्ति जाति क्रान्ति!
ओम् जाति ओम् गोत्र ओम् कुल ओम् बिरादरी
ओम् इज्जत हुज्जत
ओम् हुक्का हुक्का हुक्का गुड़ गुड़ गुड़
ओम् सात हाथ की पगड़ी पगड़ी पगड़ी
ओम् पंचायत की रावण ब्रांड मूँछें तगड़ी।
ओम् जाति पर न पूछें सवाल। होगा बवाल

'ओम् बिगड़ रहे छोरा-छोरी
घृणा इश्क-विश्क करन लाग रे सैं'
ओम् 'इज्जत हतक'
ओम् पकड़ पकड़ पकड़
ओम् गंडासा फरसा बल्लम भाला
ओम् निरीह किशोर-किशोरियों के मुंडों की माला
का गोली बन्दूक की बोली ओम
ओम् अपने बच्चों की जवानियों से जलने वाले
पंच ओम्!
ओम् परम्परा परम्परा परम्परा का आरा!
ओम् मेरठ रोहतक छपरा तक चढ़ता जाति का पारा
ओम् रे छोरा रे छोरी
आपस में शादी की ओम!
नस्ल की फस्ल बिगाड़ दी
पुरखों की नाक जमीन में गाड़ दी
अब मर मर मर। खा सलफास। काट गर्दन।
मार गोली
मार गोली
मार गोली
ओम् धाँय धाँय धाँय! साड़े ने खराब कर दी म्हारी छोरी
ओम् हमारी मारी बड़ी बड़ी बड़ी नाक
ओम् संतरे की पन्द्रह फांक
मत छोड़ जाति
मत तोड़ जाति करोड़ जाति
ओम् संसद संसद संसद। ओम्
एमपी एमपी एमपी! ओम् वोट वोट
ओम् मासूमों पर बच्चों पर चोट चोट चोट
ओम् ताउ! ओम् हाउ! ओम् वोट
चबाउ! पंचायत खबाउ!
ओम खाप खाप खाप!
ओम् सबकी बाप बाप बाप!
ओम् सबको नाप नाप नाप!

ओम् जाति की जय ओम् जाति ही जीवन है ओम् जाति ही तम-मन-धन। जाति की ताल है। जाति का काल है। जाति ही माल है। जाति की चाल है। जाति का

जाल है। ओम् जय जाति ओम्!

ओम् खाप खापेश्वर पंच परमेश्वर
ओम् दंड दंडेश्वर ओम् चंड चंडेश्वर
घर में दहेजू टीवी हीरो होंडा कान मोबाइल
ओम् जीन्स टी शर्ट मूँछमय बॉडी बिल्डर
जराजीर्ण धिक् परम्परा के हे जड़वाहक
मेडिएविल कल्चर के रक्षक
मारो मारो मारो
अपने ही जातक सँहारो
इसी तरह अब ठाठबाट से जाति रहेगी
मूँछ रहेगी नाक रहेगी
नहीं बचेंगे छोरा छोरी
हे जातिवाद के ललित छंद
तुझको मेरा शत शत प्रणाम!

16 मई, 2010

हिन्दी साहित्य का ऐनीमल फार्म

साहित्य के गाजीपुर की वीभत्स 'लैंडफिल' और साहित्य की उस खाप की जय हो जो इस समय के साहित्य में नित्य लगा करती है। वह महारावण जिसके हजार मुख एवं दो हजार भुजाएँ थीं जिसे जानकी जी ने मारा था ऐसी महामंगलमयी जानकी जी हमारी रक्षा करें!!

जो लोग देवताओं का धन आदि चुराते हैं, वे महारौरव नरक में भेजे जाते हैं, जहाँ क्रव्यादि पापियों को नाना कष्ट देते हैं। ऐसे 28 नरकों में से एक पृथ्वी के सात नरकों के नीचे जो विद्यमान है, उसकी जय हो क्योंकि इस कलिकाल में उसी का भरोसा रह गया है!!

ब्रह्महत्या, मद्यपान, सुवर्ण की चोरी करना, गुरु पत्नी से समागम आदि महापातक हैं जिनके लिए मृत्युदण्ड का विधान है। पर ब्राह्मण पातकी के मुख पर भिन्न चिह्न बनाकर निर्वासित कर दिया जाता है, ऐसे मत्स्यपुराण की जय हो!

ऐसे मंगलकारी मन्त्रों से अभिषिक्त पतितपावनी भागवत कथा शुकदेव जी ने सम्पन्न की और हरे-हरे कहते हुए रात्रि पूर्व स्नान के लिए अपनी खड़ाऊँ पहन बाथरूम के लिए चल दिए।

दिवस का अवसान समीप था। गगन भी कुछ लोहित हो चला था और प्रियप्रवास वाली तरुशिखा पर कमलिनी कुल वल्लभ की प्रभा लावनी मिक्स लालसा नाचने लगी थी।

पाँच सात नीली गन्दुमी प्लास्टिक की कुर्सियाँ यत्र-तत्र एक-दूसरे से अनबोला करते हुए कंक्रीट के बीच छोड़ी दी गयी घास में पड़ी थीं। साहित्य के एक पंच ने एंट्री ली। इधर-उधर देखा। किसी रचनात्मक प्रेरणा से एक कुरसी की ओर बढ़ चला। गर्दन से पकड़कर कुर्सी को खींचता हुआ पंचायत के ठीए पर सविनय अनमनी मुद्रा में उस पवित्र स्थान पर बैठ गया जहाँ एक गन्दी गोल प्लास्टिक टेबिल पड़ी थी। कालान्तर से दूसरा आया उसने दूसरी ली। तीसरा तीव्रगति से आता हुआ मूत्रालय दिशा में अन्तर्ध्यान हो गया। चौथा साहित्य बड़ी गाड़ी में था। ड्राइवर ने उतरकर पीछे बैठे साहित्य का दरवाजा खोला। यह साहित्य जितेन्द्र के जमाने वाले सफेद जूते पहने था। कनॉट प्लेस में रीगल के नीचे नयी कहानी के जमाने के किसी

पालिशवाले से पालिश कराए लगते थे। पहले से आए तीनों ने उसका आना सजग भाव से महसूस नहीं किया। आखिर में एक आम आदमी का, एक आम साहित्यकार कहलाने वाले शख्स ने पदार्पण किया। उसका मोबाइल उसके साहित्य से ज्यादा जोर से एक घटिया-सा 'देसी गर्ल' बजाता आया।

उस महाबोधिवृक्ष के ऊपर गगन में लोहित और श्याम रंग के बीच काँप रहीं तरुशिखा पर गुरसलें चाँय-चाँय कर रही थीं। कुछ शुक-शुकी उनसे अपने हेबिटेट के लिए फाइट कर रहे थे। लड़ते-झगड़ते इस डाल से उस डाल तक समकालीन शुक्र साहित्य की फुदकीली क्षिप्र आवाजाही शिबू सोरेन की 'कभी हाँ कभी ना' तक को लजाने वाली थी, उस महाबोधिवृक्ष की निज हित साधक शाखाओं पर एक गुरसल दूसरी डाल पर बैठे शुक को गाली दे चुकी थी, एक शुकनी झपटती उसकी ओर लपकी थी। शाखाएँ शमशेर की कविताओं के बिम्बों की तरह लरजती थीं। कुछ कव्वे भी थर्ड पार्टी की तरह फाइट सीन में शामिल थे। एक चील एक सख्त-सी डाल पर बैठी इस साहित्य के खापवाद को नित्य देखा करती और आँखें बन्द कर लिया करती। आज उसे अपने उस दोस्त चील का इन्तजार था जो आज ही गाजीपुर में उतरे मीट के छीछड़ों से भरे पन्द्रह ट्रकों के कलापर्वत में अपनी चोंच गड़ाते वक्त एक बाज से और एक बिलौटे से पंगा ले बैठा था।

इतने में एक आखिरी लेखक किसी कला फिल्म के न चल पाए शो के आखिरी दर्शक की तरह मुस्काता, लपकता आया और एक कुरसी को खींचने लगा। कुरसी ने प्रतिरोध का स्वर निकाला। तब उसने दूसरी विनम्र कुरसी के लिए नजर दौड़ाई। लेखक उधर लपका, लेकिन ठहर गया। उस पर कबूतरों की बीट थी।

खाप बैठी। खाप ने एक ठो फतवा जारी किया 'उसकी ऐसी की तैसी' और उठ ली। इसके आगे की कथा कलिकाल में तब ही लिखी जा सकती है जब कल्केश्वर की फुल एंट्री हो जाए। साहित्य के गाजीपुर को वीभत्स 'लैंडफिल' और साहित्य की उस खाप की जय हो जो उस समय के साहित्य में नित्य लगा करती है। हिन्दी साहित्य की खाप के 'एनीमल फार्म' के समकालीन तुच्छ हिन्दी संस्करण की लेटेस्ट कथा के नित्य वीभत्सित-हास्य की रक्षा करने वाले सदा कथा विघ्नहारी श्री शुकदेव जी इस पातकी की भी रक्षा करें!

30 मई, 2010

शिक्षा के अधिकार पर थोड़ा सा रूमानी हो जाएँ

यह सर्वशिक्षा के सुहाने सपनों में खोने का वक्त है। पूरी भावुकता के साथ सोचें तो यह एक ऐसा अधिकार है जो हमारी दुनिया बदल देगा। इस अनादर्श, अमौलिक और छलना भरे निहायत गैर-रूमानीयुग में रूमान इसी तरह लौटता है। अचानक आपको 'नवजागरण' (रेनेसाँ) के किसी एक हुलास भरे पल में ले जाता है और फुसफुसाकर पूछता है—समकालीन स्वप्नहीनता में क्या अब भी कुछ सपने सच होने शेष हैं? ज्ञानक्रान्ति के स्वप्न क्या इस 'बे-सच' समय में सच हो सकते हैं? क्या कोई किसी न देखे गये सपने में जा सकता है? इस खातिर 'थोड़ा-सा रूमानी हो जाएँ' तो क्या अपराध है?

अचानक कवि त्रिलोचन की कविता याद आती है। 'चम्पा काले अक्षर नहीं चीन्हती' की चम्पा आँखों के आगे थिरक उठती है। सियारामशरण गुप्त की 'सुखिया' नाचने लगती है। 'मदन घर चल' वाले पाठ में बचपन में बन्द कर दिया गया मदन कबड्डी खेलने लगता है। पढ़ने का सपना उड़ान भरता है।

बचपन का वह पट्टी जिसे गेरू से पोतकार-सुखाकर, उसे घोटे से चमकाकर, साथ में खड़िया का एक बुद्दका लेकर, दो तनियोंवाले झोले में नेजे की बनायी ड्योढ़ी लिखाई करने वाली कलम और बाल-पोथी डाल जब दूसरे दोस्तों के साथ पट्टी लड़ाते-बचाते स्कूल पहुँचते थे तो शिक्षा क्रीड़ा की तरह आती थी। अहसास होता था कि पढ़ने से कुछ होता है। 'अ आ इ ई' को घोट-घोटकर धीरे-धीरे पाँचवीं दसवीं-बारहवीं की ओर लुढ़कते-सरकते तब कब याद आता कि जो हम कर रहे हैं उससे अपना 'कुछ होना' भी जुड़ा है? बस इतना महसूस होता कि पढ़ना अपने आप में एक कीमती काम है। जो स्कूल नहीं जाते थे उनसे कुछ अलग हो रहे हैं हम! इसी का मजा था।

जो अभागे नहीं पढ़ सकते थे, जिनकी संख्या अनंत थी और आज भी है, हम नहीं सोच पाते कि उनके मन की आँखों में क्या वैसा सपना न होगा जो हमारी आँखों में है? पढ़ने का निराला आनन्द, कुछ नया करने, नयी दुनिया के ज्ञान की जोत जगने का आनन्द क्या उनके पास होता था? गरीबी आदमी को ज्ञान की रेखा के किस कदर नीचे दफन करती है, यह दर्द गरीबी की रेखा के नीचे रहने के दर्द को

किस कदर स्थायी बना डालता है, यह वही जानता है जो पीछे रह गया है या अधकचरे विकास ने जिसे वहाँ तक आने नहीं दिया।

यह लेखक कुछ देर भावुक रहना चाहता है। भावुक हुए बिना कोई क्या खाक रूमानी होगा। गैर रूमानी से दिखने वाले मनमोहन सिंह ने उस शाम कुछ ऐसा बोल दिया जिसे सुन कर मन में कहीं कोई सिसक उठा। मनमोहन ने कहा कि 'वे मीलों पैदल चलकर स्कूल जाते थे और दिये की रोशनी में पढ़ते थे और आज वे जो कुछ हैं शिक्षा की बदौलत हैं।' उनकी ऐसी बातों ने दिल को छू लिया। 'काले अक्षर' न चीन्ह पाने वाली करोड़ों चम्पाएँ, कमलाएँ, मदन, रमन, तीसरी चौथी जमात के बाद ढोर चराते, लकड़ी बीनते, दूसरे घरों का काम करते, कूड़े से प्लास्टिक पन्नी बीनते अब भी मौजूद हैं। शिक्षा को मौलिक अधिकार बनाने वाले सबको अनिवार्य करने वाले इस कानून के लागू होने के दस-बीस साल बाद का नक्शा सोचें तो एक दिन जब काले आखर न केवल चीन्हेंगी बल्कि पढ़ाएँगी भी अब ज्ञान क्रान्ति होगी। तब हिन्दुस्तान वह न रहेगा जो है।

मनमोहन सिंह देश के पीएम हैं। उनके विरोध में बोलना, उनकी नीतियों के दोष निकालना, रोज-ब-रोज होता रहता है। यह लेखक भी करता रहता है। सोनिया यूपीए की अध्यक्ष हैं और 'सब को शिक्षा का अधिकार' सोनिया जी का सपना रहा है। उनके आलोचक अनन्त हैं। हिन्दी के एक मामूली लेखक और दिल्ली विश्वविद्यालय के एक अदना प्रोफेसर द्वारा उन्हें उनके किए के किसी भले सन्दर्भ में याद करना उनकी चमचागीरी कहला सकता है। लेकिन इस जोखिम के बावजूद यह कहा जाना चाहिए कि शिक्षा को मौलिक अधिकार बनाकर यूपीए और मनमोहन ने एक शांत-क्रान्ति की रचना कर दी है। सोचना चाहिए कि जब अपने मुल्क में सब न्यूनतम दसवीं बारहवीं तक पढ़ें होंगे तब क्या सीन बनेगा? उस विराट साक्षर और ज्ञानवान जगत में साहित्य, संगीत, कला, विज्ञान, समाजविज्ञान और उत्पादकता का वातावरण होगा। हर ओर विचार होंगे, अपने-अपने मत होंगे, बहसें होंगी। इस अभियान में हिन्दी बढ़ेगी। हिन्दी समाज अपने पिछड़ेपन से बाहर निकलेगा।

आइए, थोड़ा-सा रूमानी हो जाएँ।

4 अप्रैल 2010

कालिदास सच-सच बतलाना

ग्रीन रिवोल्यूशन के पैसे से अकड़ी मूँछें अपनी अकड़ बचाने के लिए प्रेमी जोड़ों का सफाया कर रही हैं और साहित्यकारों की कलम मौन है। दस साल बाद के हिन्दी साहित्य में पाँच हजार कवियों की कविताएँ, 10 हजार कथाकारों की कहानियाँ और 20 हजार आलोचकों की आलोचनाएँ रहती हैं। साहित्य के वजीरपुर में बड़ी रावण ब्राण्ड मूँछों का राज है। जमीन से जुड़े, खेत पर खड़े खाप साहित्यकार कलम से ज्यादा मूँछों पर ताव दिया करते हैं। साहित्य में खाप युग आ गया है। जातिगणना के बाद साहित्य में सचमुच की विविधता, बहुलता, बहुरूपता में उछाल आया है।

कहीं 'खाप' कविता हो रही है। कहीं 'बाप' कविता हो रही है। कहीं 'पाप' कविता हो रही है, कहीं 'श्राप' कहानी हो रही है, कहीं 'ताप' उपन्यास हो रहा है, एक 'जाप' समीक्षा हो रही है। आह! नेत्रान्द्रियों को आनंद देने वाला और कर्णेन्द्रियों में रस घोलनेवाला साहित्य नित्य रचा जा रहा है। एक-से-एक मर्मस्पर्शी सीन बन रहे हैं। यह जमीन से जुड़ा 'खाप यथार्थवाद' है।

ग्रीन-रिवोल्यूशन के पैसे से साँड हुए और भूमंडलीय तेज विकास की बदौलत महँगी होती जमीनों के दौर में जमीनें बेच रातों-रात अमीर हुईं मूँछें अधिक रौबदार हो उठी हैं। उनके रेखाचित्र खेतों में, घरों में नित्य बन रहे हैं।

- टॉमी हिलफिगर की टी शर्ट और लेवाइस की जीन्स पहने एक युवक गर्दन में रस्सी बाँधे पेड़ से लटका है। उसने एक ठो प्रेम-कविता लिखने की कोशिश की थी।
- हरे खेत के कोने में इस पुराने नीम के पेड़ की निचली डाल की शोभा बढ़ाती एक सुन्दर-सी लड़की अपनी पतली गर्दन में रस्सी डाल शहरी गाँव के सभी बुजुर्गों को सनातन प्रणाम करती मुँह में दुपट्टा ठूँस बड़ों के आगे कभी मुँह न खोलने का अभ्यास-सी करती कितनी बेशर्म लग रही है। वही इस जाति-बाह्य प्रेमगीत की नायिका थी!
- यहाँ सन् 2020 के रियलिटी शो की वह 'देसी गर्ल' लटकी है जिसने 2010 में टीवी पर 'लव सेक्स और धोखा' वाला कम्पटीशन जीता था। आह! यह बनियान और शॉर्ट्स में ही इस गरमी में जामुन के बड़े पेड़ की तगड़ी-सी

डाल से नीचे रस्सी गर्दन में बाँधे अब भी बेहया, बदतमीज मल्लिका सहरावत वाली सेक्सी मुस्कान मार रही है। परम्परा और मर्यादा के दुश्मन हैं ये लोग। ये टीवी। ये कपड़े। जरा नोच ले दारी के...। और वह घुँघराले बालों वाला गोरा चिट्टा उसका प्रेमी बिजली के खम्भे से लटका है जैसे कोई कोई बदमाश सर्कस दिखा रहा हो।

- खेत के बीच पंचायती महान मूँछें अपना मचान लगा बड़े से हुक्के को गुड़गुड़ा रही हैं। हुक्के की गुड़गुड़ शादी के लेडीज संगीत की तरह लग रहा है।
- वहाँ पंचिनें हैं। सात हाथ का घूँघट काढ़े कहती हैं कि हम भी लटक सकती थीं, प्रेम हमने भी किया था, डर की वजह से आगे नहीं कर पायीं। हमने मर्यादा नहीं तोड़ी सो नहीं लटकीं, लटक जातीं तो जान छूटती मरी मूँछों से। वे चुप हैं या वही बोलती हैं जो मूँछें बोलती हैं।
- राजनीति के स्थायीभाव की तरह नेता जी आते हैं। परम्परा की मूँछों को सलाम करते हैं और सबसे तगड़ी मूँछ को 'मूँछ श्री' का सम्मान देते हैं। हुक्का गुड़गुड़ करता है।
- पुलिस खेत की इस लहलहाती फसल को काटने अपनी मूँछों सहित पहुँचती है। परम्परा की रखवाली करती पुलिस कितनी मुस्तैद लगती है!
- मौसम में मौत की खुशबू है। जाति के खेत में प्रकृति चित्रण हो रहा है। दूर एक कुत्ता रो रहा है। लड़के-लड़कियाँ पेड़ों पर फलों की तरह लटके हैं। प्रेम की फसल उतरी है।

कल तक गायब जाति अब अस्मिता की सुडौल मूँछों पर ताव देती घूम रही है। हिन्दी के गुमानी साहित्यिक चुप अपनी-अपनी जाति गुपचुप टटोल रहे हैं। हिन्दी के शौकीन 'जन बुद्धिजीवी' नर-नारी जाति के दन्तेवाड़ा का पता नहीं जानते जो दिल्ली में है, उसके आसपास है।

अगर पेड़ों पर इन उगे प्रेमियों के साथ कोई खड़ा है तो मीडिया हे। अखबार खड़े हैं, टीवी खड़ा है। यहीं क्रिटिकल कमेंटरी है मानो वहाँ काम करते यंगिस्तानी अपने खोए इन मीतों-प्रेमीजनों को बचाने के लिए कातर हो आर्तपुकार करते हों। सरकार चुप। नेता चुप। दल चुप। संगठन चुप। सब मूँछों के वोट गिनने में लगे हैं। हे महाकवि नागार्जुन आज के यंगिस्तान को तुम्हारी जरूरत आन पड़ी है। एक बार फिर लिखो—

'कालिदास सच-सच बतलाना
अज रोया या तुम रोए थे?'

आज एक भी गैरतमंद कवि इस सीन पर नहीं रोता दिखता।

27 जून, 2010

हिन्दी साहित्य का वह डालडा युग

नये शोध के अनुसार आजादी के बाद हिन्दी में डालडा युग आया। यह अब भी जारी है। कुछ इसे मूर्धन्य युग कहने लगे हैं।

नयी कहानी, नयी कविता, नयी आलोचना सब डालडा युग में शुरू हुईं। डालडा घी पचास के दशक में बड़ा ब्रॉण्ड था। यह असली घी खाए साहित्य से अलग था। इसका साहित्य भी अलग खुशबू देता था। अब तक देता है।

ब्राण्ड वस्तु का एक पक्का और अभिन्न विशेषण होता है जो वस्तु के साथ चिपक जाता है। वस्तु भले मर जाए लेकिन विशेषण जिन्दा रह जाता है। यह लेखक खुद डालडा युग की पैदाइश है। हमारे मुहल्ले में एक बच्चे का नाम डालडा ही था। हाथरस की बोली में उस मरगिल्ले को भी 'डालडा गुरु' नाम से पुकारा करते थे।

संक्रमण काल था। असली घी जा रहा था। डालडा का गजब नाम ब्राण्ड आ रहा था और साहित्य पर अपना स्पष्ट प्रभाव छोड़ रहा था। इन दिनों हिन्दी वाले 'साहित्य रत्न' 'साहित्य प्रभाकर', 'साहित्यालंकार', 'साहित्य भूषण' की उपाधियाँ लगाते थे। कुछ 'साहित्य वारिधि', 'साहित्याचार्य', 'साहित्यतीर्थ' कहलाया करते थे।

फिर हिन्दी में कुछ 'पण्डित', 'महापण्डित' हुए। फिर कुछ 'पडिण्तराज', 'कविराज' कहे जाने लगे। 'कविराज' विशेषण ने बड़ा गजब ढाया। कवि की भूमिका स्पष्ट हुई।

दिल्ली के दरियागंज में एक बिल्डिंग पर एक बोर्ड लटका दिखा करता। मूँछों पर ताव देता हुआ। एक पहलवान छाप व्यक्ति अपने सीने को फुलाए बैठा रहता। सिर पर तुर्रेदार पेशावरी पगड़ी होती। आगे लिखा रहता 'कविराज हरनाम दास बीए'। हिन्दी की एक किताब में 'बाबू श्याम सुन्दर दास बीए' दिखा था। यहाँ दूसरे बीए हरनाम दास लटके थे। दरियागंज जरूर एक साहित्यिक मुहल्ला है, ऐसा सोच तबियत बाग-बाग होने लगी।

डीटीसी की नौ नम्बर की बस जब इस बोर्ड के पास से गुजरती लगता साहित्य के पास से गुजर रही है। कविराज के पास से गुजराती साहित्यिक संस्कार ले रही थी। लगता है अब डपटकर विकेट पूछने वाला कंडक्ट कविराज के आसपास से गुजरते हुए तनिक माधुर्य और प्रसाद गुण से युक्त हो जाएगा, लेकिन वह मातृभाषा कैसे छोड़ता?

हिन्दी साहित्य में मोहभंग का दौर दरियागंज से शुरू हुआ। ज्ञात यह हुआ कि 'कविराज' तो शर्तिया लड़का पैदा करने की दवा बेचते थे। इस मोहभंग के बाद 'अकवि' 'अकथाकार' 'अ-आलोचक' विशेषण हुए।

फिर, मोह में भंग पड़ते ही हिन्दी 'बीए' की जगह 'एमए, एम. फिल' होने लगी। फिर लोग अपने नाम के आगे 'डॉ.' लगाने लगे। 'डॉ.' एक युगांतकारी विशेषण साबित हुआ। नाम के आगे, डॉ. लगते ही हैसियत में उछाल आने लगा। मरीज डॉ. लिखा देख अपनी नब्ज दिखाने आ जाते। जब पता चलता ई सरउ तो हिन्दीवाला 'डॉ.' है तो गरियाते जाते। यह साहित्य का डॉ. युग कहलाया।

हिन्दी ठहरी नवाचारी नित्या। सचिन की सेंचुरीबाजी के प्रभावस्वरूप हिन्दी भी 'सेंचुरीबाजी' की आदी होने लगी है। लोग सेंचुरी बाजों को बीन-बीन कर लाने लगे हैं—ये देखिए इसने भी सेंचुरी मारी। ये महान हैं। मूर्धन्य हैं। यह साहित्य को टोपी पहनाना है। टोपी पहनाना भद्र उपाधि नहीं है। उपाधि से बड़ी व्याधि नहीं है। लोग एक-दूसरे को उपाधि देते हैं तो मजे के लिए। मुफ्त उपाधि बाँटने वाले हिन्दी समाज के मुहल्लों की उपाधिबाजी के खेल नहीं जानते। उपाधि खिंचाई के लिए दी जाती है।

मूर्धन्य कष्टकारक होता है। हिन्दी में मूर्धन्य 'ष' सुना है। मूर्धन्य आदमी नहीं। मूर्धन्य 'ष' बोलने के लिए जीभ को तालु के मध्य मूर्धा की ओर उल्टा करके मुँह से जोर से बाहर हवा मारनी पड़ती है तब जाकर मूर्धन्य 'ष' ध्वनि उत्पन्न होती है। इन दिनों न मूर्धन्य 'ष' को उच्चारित करने वाले दिखते हैं, न सही लिखने वाले। क्रिया कठिन है। इस क्रिया में वक्ता का मुँह देर तक उल्टा खुला रह जाता है। बोलने के प्रयास में आदमी कार्टून बन जाता है।

हिन्दी के डालडा युग में अगर किसी हिन्दी वाले का मुँह खुला रह गया सा दिखे तो समझ लीजिएगा कि वह मूर्धन्य उपाधि बाँटने की प्रैक्टिस कर रहा है।

13 जुलाई, 2010

□□